文茜 著

格力女王

重明珠

从南下打工到登顶格力集团的成功启示录

中华工商联合出版社

图书在版编目（CIP）数据

格力女王董明珠 / 文茜著. -- 北京：中华工商联合出版社，2017.6（2023.6重印）
ISBN 978-7-5158-2011-8

Ⅰ.①格… Ⅱ.①文… Ⅲ.①董明珠—生平事迹
Ⅳ.①K825.38

中国版本图书馆 CIP 数据核字 (2017) 第 116620 号

格力女王董明珠

作　　者：文　茜
策划编辑：胡小英
责任编辑：邵桃炜　李　健
特约策划：九云梦文化·史倩
封面设计：周　源
责任审读：李　征
责任印制：迈致红
出版发行：中华工商联合出版社有限责任公司
印　　刷：三河市燕春印务有限公司
版　　次：2017 年 6 月第 1 版
印　　次：2023 年 6 月第 3 次印刷
开　　本：700mm×1000mm　1/16
字　　数：200 千字
印　　张：14.5
书　　号：ISBN 978-7-5158-2011-8
定　　价：45.00 元

服务热线：010-58301130
销售热线：010-58302813
地址邮编：北京市西城区西环广场 A 座
　　　　　19-20 层，100044
http://www.chgslcbs.cn
E-mail：cicap1202@sina.com（营销中心）
E-mail：gslzbs@sina.com（总编室）

"这个职位并不是一个荣誉，只是多了一个责任，可能承担的东西更多。"

——董明珠

声明：作者秉承着"尊重事实"和"生动再现"的原则，认真阅读了董明珠女士亲笔著作的《棋行天下》和《行棋无悔》，经过慎重的结构布局和脉络梳理，全新创作，打造出这本励志传记，谨以此书表示对董明珠和格力集团的敬意及感谢。

目 录
CONTENTS

第一章 | 人生抉择我做主：敢于冲撞命运的才是强者

> 真正成功的人生是不受命运摆布的人生。危机当头能调动清晰灵敏的思维和决策力；机遇面前，能抵住安居乐业的诱惑，迎面接受新的挑战和事业制高点；面对他人的质疑，能用坚定而强大的内心承担起现实。

第二章 | 业务员的奋斗生活：董姐走过的路不长草

从起跑线上瞄准的方向决定着第一轮事业的

质量。哪怕是赤脚上阵，从零出发，只要能用正直和坚毅武装好自己，杜绝随波逐流，第一时间发现并规避行业弊端，就能免于事业探索路上的磕磕碰碰，保护自己不摔跤，全速向成功奔跑。

第三章 | 销售女皇成长记：只做正确事，正确去做事

成熟的营销人绝不会只顾自己的利益，他们无一例外都在追求共赢，与客户打造坚固的共存模式。周密的市场观察和长远的发展眼光，培养出他们"快、准、狠"的判断力和敏锐的嗅觉，迅速发现并抓紧机遇，时时刻刻准备自我超越。

第四章 | 卓有成效的铁腕管理："水至清亦有鱼"

管理无定式。任何企业的管理风格和企业文化都蕴含着领导者浓厚的个人风格。管理者的内在素质和外在修养会对企业的持久发展产生影响。格力集团的刚性管理、透明的企业氛围、活性的内部竞争和彻底的创新理念，处处彰显着董明珠的个性魅力。

第五章 ｜ 守正出奇的战略思维：打破常规，走出格力新路线

"只有先声夺人，出奇制胜，不断创造新的体制、新的产品、新的市场和压倒竞争对手的新形势，企业才能立于不败之地。"创新是企业家通过长期的积累和全身心的投入获取的灵感，是企业家精神的灵魂，是企业持久发展和占领行业鳌头的关键。

第六章 ｜ 空谈误国，实干兴邦：新旧博弈下的企业家精神

企业的未来与企业家精神息息相关。董明珠身上充满民族气节，她坚守创新理念，改写中国制造的被动局面，重塑一个活跃的商业循环，誓将"中国制造"推向"国际市场"，让中国企业感动世界。

第七章 | 铿锵玫瑰，别样风情：董明珠如何看待事业与家庭

事业与家庭难两全。在商业精英董明珠眼里，"工业精神"即"牺牲精神"，于是她投注了绝大部分精力在事业中。在"东东的母亲"董明珠心中，她遗憾没能付出充足的家庭关怀。在手事业，右手家庭，董明珠如何衡量得与失？

第八章 | 董明珠人生哲学：创业者不可不知的8条成功建言

董明珠，一位擅长用行动和结果说话的企业家。她做事雷厉风行，不畏权势，不徇私情；她不墨守成规，思维开阔，积极创新；她浑身充满激情，用二十余载的执着和勤奋写就自己的传奇。她的故事被人们津津乐道，她的脚步也成为无数年轻人的指向标。

两股势力角逐，格力踏上新征途

2017年3月9日，全国"两会"期间，格力电器董事长、人大代表董明珠对"供给侧改革"从自己行业的角度提出建议，希望政府和整个社会加大对实体经济发展的关注，主张对自主创新的企业专利进行保护。

谈到创新，董明珠说，她很认同任正非的一句话：华为正在逐步攻入"无人区"，面对的是未知和不确定性。董明珠说，格力也是如此，没有标杆，只需超越自己；因此，格力要向华为学习，不断创新，拥有更高的追求。

对董明珠来说，供给侧改革不是靠模仿别人的技术，也不是买别人的技术，而是拥有自己的技术，因为只有这样，企业才会有真正属于自己的核心技术。董明珠反复强调，中国智能制造的发展，只有走自主创新路线才不至于被世界淘汰。

　　在很多人眼里，董明珠和格力代表的是传统行业，而随着互联网的发达，传统行业必定会被淘汰。就拿2013年12月，在"中国经济年度人物"颁奖典礼上，小米CEO雷军与当时的格力集团董事长董明珠就商业模式打赌的事来说吧，当时，他们的赌注是：五年之内，小米的营业额若超过格力，董明珠就输给雷军10亿元，反之亦然。

　　对于这个赌，雷军很自信，认为自己一定赢。之所以这么自信，是他觉得格力模式时代已经过去，董明珠在传统制造和传统消费领域虽然做得很好，但现在是互联网时代，传统销售模式已经过时，而小米的销售模式正好和格力相反，是趋势发展的典型代表。同格力相比，小米的销售模式跟用户更贴近，成长速度也更快，所以他们一定会用最快的速度超过格力。雷军坚信，格力是工业时代制造业的骄傲，但小米却已插上了互联网的翅膀。

　　雷军满腹自信，除了觉得格力电器的销售模式已经过时之外，还认为格力的主要销售模式会让董明珠的精力过于分散，而他却只需关注产品研发和如何为用户提供服务就可以了。

　　对于雷军的说法和他的自信，董明珠很不以为然，她认为，互联网是一个工具，如今的传统行业利用好了互联网，就依然是赢家。

　　如今，离雷军和董明珠打赌也已过去三年多时间，很多人都认为雷军赢定了，因为格力的发展已到了"天花板"。对此，董明珠更是进行了驳斥："行业里，只要技术一直保持领先，是不存在'天花板'的，有'天花板'是对那些没有竞争力的企业而言，显然，格力不是。"

　　董明珠带领下的格力是不会停滞不前的，因为，她有着把握全局的战略思维，对她来说，企业的发展，是一场永不停息的思维博弈。

格力电器沿革中划时代的一笔

2012年8月28日下午2时，随着一阵"噔噔噔"的高跟鞋声响起，一位身着紧身及膝蓝花旗袍、头发高高盘起的女人袅袅婷婷地走了过来，这位有着坚毅表情、强大气场的女人被人群簇拥着，一出现便震惊四座。

在人们那惊喜的眼光、轻声的赞叹过后，全场安静下来，只等她发言。

这位有着女王般强大气场的女人是谁呢？她就是董明珠，这是她任格力电器董事长后首次率领新团队，亮相珠海格力电器股份有限公司的股东大会。

即使董明珠有着如此温婉的打扮，在场的人依然能从她的眼神中看出坚定、好斗和强悍。她似乎有一股与生俱来的力量、一股无人撼动的正义力量，凡是和她打过交道的人，即使经历过"你死我活"的竞争，仍会在害怕她之余对她更多一分敬重。

董明珠真正成为格力电器的一把手，要从2012年的5月25日说起。这一天对董明珠、格力集团以及格力集团属下的格力电器来说，都是非比寻常的一天，因为这一天，格力集团、格力电器将投票决定谁会成为新一任董事长。

在所有董事长候选人中有两人最注目，呼声也最高，一位是董明珠，另一位是周少强。

周少强是珠海市国资委委派来担任格力集团党委书记兼总裁的，有着如此的"背景"，大家纷纷猜测格力集团将迎来"周少强时代"。然而，在投票中，因为中小股东的否决票，周少强终是落选。

同时，格力电器董事会全票通过董明珠担任格力电器董事长，并续聘其为公司总裁。而原来的黄辉、庄培、望靖东等公司副总裁也都获得了续聘，格力电器高层管理团队在进入"董明珠时代"的同时，也在大局上保持了稳定。

董明珠的当选无人有异议，因为这是市场的选择，是市场选择了董明珠，因此，这场选举也被认为是中国上市公司管理结构上的一种进步。

就这样，董明珠顺利地接过了她的前任、她曾经最默契的搭档朱江洪手中的权杖。

董明珠的上任引起了很多同行的议论，他们说：以前觉得追上格力还有希望，可如今让她来掌权，追上格力就彻底无望了。

这句话无疑是对董明珠的认可，这比任何褒奖都有说服力。

如今，董明珠兼格力集团董事长、集团旗下上市公司格力电器的董事长及总裁三职于一身，格力电器也正式进入了权力高度集中的"董明珠时代"。

创造了一个个商业奇迹的董明珠，会将格力电器带到什么位置？

这对于大权在握的她来说，这何尝不是一种考验？因为所有人都将瞪大眼睛盯着她，盯着"董明珠时代"的格力电器，并提出许多问题：

董明珠能否依然坚持对工业精神和技术创新的追求？

董明珠能超越朱江洪吗？她有能力带领格力开辟一个崭新的时代吗？

董明珠会将这家"中国最优秀的上市公司"带向何方？

一切都是那么让人期待！为什么会这样？不妨让我们为她的人生倒带，看看这个传奇女人的传奇故事。

矗立在格力肩膀上的巨人——董明珠

"2015年，格力的目标是实现年税额100亿元！"这是董明珠在格力进入"董明珠时代"后给自己和格力定下的目标。

"我一直认为跳起来才能够得到的目标才最有挑战性。按照目前的数据来看，想要年底前实现税后1000亿元的销售目标，那每个月就得实现接近100亿的销售任务。这个目标非常具有挑战性，但这种挑战性对我们格力来说，又何尝不是一个不小的动力呢？"

像以前的每一次一样，董明珠都不会让人失望。不论是在"朱董配时代"抑或"董明珠时代"，董明珠都在用自己的生命来哺育这个企业，通过格力电器20多年的发展数据，她在讲述个人成长的同时也让我们看到了格力的发展壮大之路：

1994年年底，董明珠从一名普通销售员全票当选格力电器经营部部长，这一年，格力的销售额为4亿元。自1995年开始，格力空调的产销量、市场占有率、销售额连续16年居于国内行业前列。自2005年开始，格力家用空调产销量连续6年居世界前列。2014年，格力电器在人民大会堂获国家科学技术进步奖，"企业技术创新工程类"二等奖。这也是格力自2011年起第三次获国家技术奖励。

做出如此业绩的董明珠，她的职位有什么样的变化呢？

1990~1993年，任珠海格力电器（原海利空调厂）驻地销售员。

1994~1995年，任珠海格力电器股份有限公司经营部副部长、经营部部长。

1996~1997年，任珠海格力电器股份有限公司销售公司经理。

1997~2001年，任珠海格力电器股份有限公司副总经理。

2001~2006年，任珠海格力电器股份有限公司总裁。

2006~2012年5月，任珠海格力电器股份有限公司副董事长、总裁。

2012年5月，任格力集团董事长、格力电器董事长及总裁。

2016年10月18日，卸任格力集团董事长、董事及法定代表人，只任格力电器董事长及总裁。

伴随着直升电梯般的职位变化，董明珠也收获了无数的荣誉：

2005年11月，荣登美国《财富》杂志评选的"全球50名最具影响力的商界女强人"榜单。

2006年3月，荣获"2005年度中国女性创业经济大奖"。

2007年1月20日，当选2006年CCTV"中国经济年度人物"。

2009年，获"广东首届自主创新十大女杰"称号。

2010年，入选"十个'第一'广东杰出女性人物"。

2011年1月，当选2010年CCTV"中国经济年度人物"。

2011年10月6日，荣获"2011中国最佳商业领袖奖"。

2012年7月，荣获"石川馨——狩野奖"，成为亚洲质量网组织中首位获此殊荣的女性。

2012年，进入2012年美国《财富》杂志评选出的"中国最具影响力的50位商界领袖"排行榜第二名。

2013年，荣获"2013年中国最佳CEO"称号，同年，获第14届CCTV"中国经济年度人物"。

2014年9月17日，被联合国正式聘为"城市可持续发展宣传大使"。

2014年，进入2014年美国《财富》杂志评选的"中国最具影响力的50位商界领袖排行榜"第五位。

2014年9月，成为联合国"城市可持续发展宣传大使"。

2016年，在美国《财富》杂志公布的"全球50大最具影响力的女性"中，董明珠位列中国最具影响力女性第一名。

2017年初，获福布斯"2017中国杰出商界女性排行榜"榜首。

我们有理由相信，董明珠前进的脚步不会停止，她与格力集团的辉煌历史仍将续写。

第一章
人生抉择我做主：敢于冲撞命运的才是强者

> "如果不是这件事，我不会走现在这条路。如果他在，也不会同意我来珠海。"
>
> ——董明珠

真正成功的人生是不受命运摆布的人生。危机当头能调动清晰灵敏的思维和决策力；机遇面前，能抵住安居乐业的诱惑，迎面接受新的挑战和事业制高点；面对他人的质疑，能用坚定而强大的内心承担起现实。

丈夫病逝，幸福生活何以为继？

1954年，在六朝古都南京这个有着浓厚文化底蕴、才子佳人辈出的城市，一户姓董的普通人家里，一个可爱的小女孩呱呱坠地了。虽然家里已经有了六个孩子，但小女孩的出生还是为这个家庭带来了欢乐，她被父母视若珍宝，也被哥哥姐姐宠溺，父母为其取名"明珠"。

在父母及六个哥哥姐姐的呵护和疼爱中长大的董明珠，没有丝毫骄娇之气，从小就乖巧懂事的她，有着江南女孩特有的温婉气质。

从小到大，董明珠都很让父母和老师省心，学习成绩也一直名列前茅。在她的操行评语上，老师写着"性格内向、爱帮助人"。

平时的董明珠总是面带微笑，别人说什么她都会耐心倾听，不管谁需要她帮忙，只要能做到的，她总是没有二话地答应。

殊不知，这种温顺只是董明珠展现在别人面前的样子，她的内心深处更多地吸收了南京城的阳刚之气，性格坚强而有韧劲。这种和她外表极不相称的"倔强"在她上了高中以后才慢慢表现出来。

"没有我做不到的事！""不！这样做是不对的！"……

当这些强硬的字眼替代了"好啊""可以""行"这些字眼，并频频从董明珠嘴里说出来的时候，她已经长大了。她有个梦想，这个梦想和同龄很多漂亮女孩想做"演员""歌唱家"不同，就是当老师或者军人。

有次她将自己的梦想悄悄说给最好的朋友时，朋友不相信地瞪着眼睛，看着身材柔弱、长相秀气的她说："当老师？吃粉笔灰有什么好的？还有参军，累死了，还只能穿宽肥的军装，难看死了。你唱歌唱得那么好，应该去当歌唱家！"

董明珠摇摇头："做老师多好呀，可以在讲台上给学生们讲课，还能帮助学生们解决不懂的难题，教书育人，太伟大了；还有当军人，穿上军装多威武呀，怎么能说穿军装难看呢？而且当军人还能保家卫国，多了不起啊！"

董明珠说这番话的时候眼神熠熠发光。在她的眼里，没有什么职业比老师和军人更崇高、更无私的了。

不过，理想和现实总会有差距，董明珠没有当成老师，也没能去参军当一名军人，她走上了另一条道路。

现在想来，如果董明珠以前的理想实现了，那么我们的国家是不是就会缺少一位商界精英呢？格力电器如果没有董明珠，是不是还会像现在这样成为国际知名企业呢？中国少了位优秀女教师、女军人，却多了一位优秀的企业家。一切好像都有定数。

上天似乎格外宠爱董明珠，从出生到上大学，她一直都顺风顺水，没有波折。

1975年7月，她从安徽省芜湖干部教育学院统计学专业毕业，没费多少周折，她便被分到了南京一家化工研究所做行政管理工作。

工作不久，她恋爱了，经过"你侬我侬"的恋爱期后，她进入了婚姻的殿堂，丈夫的宠爱、家庭的幸福让她好像生活在蜜罐里，舒适安逸且甜蜜。

董明珠是个好妻子，她将做家务和做饭当成一种享受。每天一下班她便兴冲冲地去买菜、做饭，不让丈夫插手。然后看着丈夫大口大口地吃着她做的饭，一脸幸福。

几年后，28岁的董明珠和丈夫幸福的二人世界里多了他们的爱情结晶——儿子东东。东东的出生让董明珠和丈夫的感情更好了，一家三口过着快乐的日子。

董明珠以为她的幸福日子会一直延续下去。也许是上天嫉妒董明珠过得太幸福美满，要从她的人生里夺走一些什么。在东东两岁的时候，丈夫生了一场病，撒手而去。

丈夫、她、儿子，原本支撑幸福的三点失去了一点，幸福一下子坍塌了。那时候的董明珠不过30岁。

没有了丈夫的宠爱，幼小的儿子还需要照顾。董明珠没有时间去悲伤，只能咬紧牙关，将失去爱人的痛苦和泪水往肚子里咽，她知道，她必须坚强。

董明珠内心深处的坚韧好像一下子被激发出来了，她独自带着儿子，风风火火地过起了艰难的日子，只盼着儿子快快长大。

在忙碌和艰辛中，一晃六年过去了，儿子东东已经八岁了。此时的董明珠回顾起自己36年来的日日夜夜。抛开她和丈夫、儿子在一起生活时的幸福，这样的生活是否太过平淡？儿子长大后也会有自己的生活，那么自己老了甚至死后，留给世间的又是什么呢？

什么也没有！那么，自己的人生价值又是什么？好像也没有。

单位——家，家——单位，这种简单的两点一线的生活难道要过一辈子吗？董明珠不甘心，她不甘心过这么平淡甚至有些平庸的生活，她要出去闯荡！

去哪儿呢？董明珠突然想到了广东。

20世纪80年代末90年代初，正是南下打工潮盛行的时候。董明珠决定将儿子暂时交给父母，让他们帮着照看孩子，自己则辞掉现在的工作，南下打工。

董明珠的决定遭到了父母和哥哥姐姐的反对，他们觉得她疯了，一个年近中年的女人竟然要抛下八岁的儿子，辞去稳定的行政干部不做，非要去做打工仔，去陌生的地方闯荡，简直不可思议。

父母和哥哥姐姐轮流做她的思想工作，母亲甚至抹着眼泪说："你这么走了，你的儿子怎么办？他两岁就失去了爸爸，你现在又要让他失去妈妈，他才八岁，你忍心吗？"

董明珠的心里也不好受，她一抹眼泪，眼神坚定地说："他不会失去妈妈，永远都不会！我们只是暂时分开，等我在那边稳定下来，我会接他过去的！"

谁也不能说服董明珠。这时候父母和哥哥姐姐才发现，他们心里那个温顺柔弱的小女孩已经不在了。他们想不明白，董明珠刚烈的性格来自于哪里。按理说像董明珠这样的江南女子大多习惯于过安分守己的日子，闯荡江湖是男人的事。

有着姣好面容、舒适工作的董明珠，完全可以重新再找个爱她的男人，过上衣食无忧的幸福生活，她为什么要去折腾呢？

可董明珠就是董明珠，她不是一个普通的女人，她需要的不仅是衣食无忧。在她的内心深处，人生是掌握在自己手里的，和男人女人的性别没有关系，男人能去闯荡，女人同样也可以，她要去寻找她的梦想。

凡是决定了的事，董明珠是不会改的。父母和家人磨破了嘴皮，她依然执意辞职南下。见说服不了她，父母和哥哥姐姐只好依了她。

于是，36岁的董明珠辞去了工作，告别了年老的父母和幼小的儿子，进入了南下的打工潮中。

"和大多数女性不一样，我从小就有做一点事业的追求！"这是若干年后，董明珠对她决绝辞职、执意南下打工的解释。

不甘平庸，跻身投入南下打工潮

"火车哟，汽笛响，小妹妹送情哥去南方"，这首在20世纪80年代末90年代初传遍了大江南北的歌，成为那个时代的符号，也是那个时代的特殊写照。

那是一个新观念、新思想不断涌现并异常活跃的时代。自中国改革开放的总设计师邓小平在南方"画了一个圈"后，"春天的故事"便响彻全国，浩浩荡荡的打工潮拉开了改革开放的序幕，无数人怀揣着梦想和激情，告别家人，背上行囊，踏上了南下的列车。

广东成了很多怀揣梦想的年轻人向往的地方，他们响应着"东西南北中，发财到广东"的口号，向南方蜂拥而去，向那个野心与欲望交织的地方涌去。

那里能不能实现梦想？没有人知道，但那里却是梦想开始的地方。在这股"寻梦"的人潮中，也有了董明珠的身影。

36岁的董明珠，过了30年的平静日子，30年里，她是乖巧可爱的女儿、温柔贤惠的妻子、善良能干的妈妈……直到30岁那年，她经历了丈夫的去世。她的人生从30岁发生了改变。

在艰辛和孤独中独自抚养儿子六年后，她要去南方寻找她的梦，那个梦是什么她也不知道。她只知道，她必须去寻找。因此，她背上行囊，不让任何人送，就这样离开了家。带着对儿子和父母的深深不舍，进入了拥挤的火车站。

那时的火车站，凡是通往广东方向的候车室都是人山人海，站着的、坐着的、躺着的……全是人。

在大喇叭吆喝着去广州的人开始检票时，候车室里呼啦一声，四面八方的人全都涌了上去。董明珠也是乘这趟列车的，稀里糊涂地被人浪卷进了检票口，挤上了火车。

车厢里拥挤不堪，腥臭、汗臭味令人窒息。董明珠在人缝中穿行，寻找着自己的座位，直到挤出一身汗她才坐了下来。

车厢里站着的人比坐着的还多，他们说着各种各样的方言，每个人的脸上似乎都流露着期待与迷茫的复杂表情。

夹杂在这群年轻面孔中的董明珠显得格格不入，但与他们相同的是对未来的期待与迷茫。她不知道破釜沉舟的想法会为她带来什么，但她知道，无论怎样她都要去努力，努力面对一切变化，寻找梦想并实现它，给自己和儿子创造一份不一样的未来。

晚饭时间到了，火车还在不知疲倦地行驶着，拥挤的车厢里弥漫着各种气味，站着、坐着的人全都拿出了食物：方便面、煮鸡蛋、饼干、面包、葱油饼……

看着大家大声说话、大口吃东西那种什么都不顾忌的样子，董明珠的肚子虽然也饿得咕咕叫，但她却没有动，只是双手托腮，看着窗外。

包里也有父母为她准备的食物，但她却没有拿出来吃，她不愿意让自己不顾形象地吃东西，只为饱腹。不管身处什么环境，即使再糟糕的环境，她都不能让自己失去优雅，这就是董明珠的生活态度。

夜深了，面前是东倒西歪、流着哈喇子、打着呼噜的人，董明珠依然托着腮看着漆黑的车窗外，听着列车行驶在铁轨上发出咣当咣当的声响，董明珠的心里泛起了酸意，她想她的父母、哥哥姐姐，尤其是她八岁的儿子。

此时的儿子一定睡着了吧！不，他一定在找妈妈！

一想到在她离开时八岁儿子那撕心裂肺的哭声，董明珠的眼泪就止不住地流了下来，心也一阵阵地抽搐着。

"儿子，对不起！"她喃喃说完，又一抹眼泪，对自己说，"董明珠！你不能流泪！既然已经走出了这一步，怎么都要坚持下去！"

在火车上过的第一夜，即使周围人睡得呼噜喧天，董明珠依然睁着大大的眼睛看着窗外，寻找窗外那黑暗中忽闪而过的一点点亮光……此刻的她，是那么的单薄、孤独、无助和茫然。

列车是在晚上到达广州的。

随着拥挤的人流，董明珠走出了火车站，站在广州的高楼大厦下，仰头看着璀璨的灯光与星月争辉，董明珠深深吸了一口气。她知道，自己已经离开了熟悉的出生地南京，来到了陌生的城市。

"偌大的城市，到底哪里才有我的梦想？我的梦想又是什么？"董明珠轻声地问自己，问夜空。

转战珠海，"菜鸟"立志卖空调

董明珠南下的目的地是深圳。

20世纪90年代初，深圳那条笔直的深南大道上总是人满为患，堵车现象也十分严重。20公里的深南路两边荆棘丛生，荒凉中零零落落地散落着正在修建的楼房。

坐在公交车上从深南大道路过的时候，除了看到正在修建的楼房，还能看到路旁绿油油的菜地和菜农用竹架搭起的简易房子，有些是石棉瓦搭的，有些则是油毡纸搭的，一块块材料和毛坯矗立在那里，触目惊心。

一切都显得那么空旷辽阔，一切又都表现出百业待兴的样子。

"轻踏着寻梦的脚步，徘徊在他乡灯火阑珊处……"这是所有满怀激情的年轻人踏进深圳时的第一个感触，董明珠也不例外。

在南京坐惯了办公室、习惯了悠闲工作的董明珠突然面对这个走路都要小跑的城市，除了有一丝不适应外，更多的是新奇和激动。当然，初到深圳，她首先要做的就是找工作，要先找一份可以谋生的工作，可找什么工作好呢？

董明珠去了人才市场。不过，当她看到密密麻麻的求职者时便再次震惊了。僧多粥少是当时的求职现状，只有安徽省芜湖干部教育学院统计学文凭的她想找一份在南京时那样的工作根本不可能，当然，那也不是董明珠想要的工作。

董明珠不怕苦，也不怕涉足其他行业，因此，她应聘到了一家化工厂，在写字楼里做了一名行政人员。

深圳是特区，来到深圳才知道，特区的生活节奏原来那么快，这种快节奏、高强度的工作环境让董明珠思念儿子和父母的心情有所缓解，或者说，为了减轻自己对儿子及父母的思念，董明珠拼命地工作着。

然而，在深圳工作几个月后，董明珠对上班接听电话、收发文件的单调工作感到乏味了，总觉得缺少点什么。这样的生活好像也不是她想要的，太机械、太没有挑战了。

自己到底想要什么样的生活？她也不知道。与此同时，深圳这座正高速发展、由各地涌来的各种人形成的城市繁华、浮躁又忙乱，缺少暖意，这让董明珠有些不适。

几个月后，董明珠去珠海看一个女性朋友，一到珠海她便有种说不出的亲切感，那里既不像深圳那么"匆忙"，也不像南京那么"懒散"，生活节奏恰到好处。

"我要来这里找工作！"董明珠一见朋友就说。

朋友很惊讶，说深圳那么繁华，你已经在那里找到工作了，为什么还要来珠海？她还正想着去深圳发展呢。董明珠笑笑说，她预感到珠海以后的发展一定不会比深圳差。

朋友不相信。因为当时深圳、东莞、佛山等城市的工业化发展如火如荼，现代化厂房和高楼大厦取代了昔日的农田和旧平房，它们从渔村变成城市的时候，珠海还停滞不前，只有几个镇在启动工业化发展。

"不管怎样，我喜欢这里。我喜欢和一个地方一起成长，更何况这里让我有种家的感觉，不像深圳那么浮躁！"董明珠说。

就像她决定辞职南下一样，董明珠看准了珠海这座城后便辞去了深圳的工作，然后到珠海找工作。这次，她没有找坐办公室的工作，而是找了一份最能考验人的"业务员"工作，她希望锻炼自己，从最底层做起。

"你疯了！卖空调？你会卖空调吗？你知道业务员是怎么做业务的吗？你知道做业务有多辛苦吗？再说，用空调的人有多少你知道吗？你怎么去推销空调？你要推销给谁？你在珠海有亲戚吗？有朋友吗？有关系吗？"朋友把眼睛瞪得圆圆的，噼里啪啦地说了一通，觉得董明珠的脑子出了问题。

"我想试试！虽然我没有做过，但我觉得我可以！虽然这里没有关系和人脉，但我可以建立关系和人脉。"董明珠面对不可预知的未来表现得非常镇定，她淡淡说完后便不再听朋友说什么了，而是开始了解她应聘的这家工厂。

这家工厂叫海利空调厂，就是格力电器的前身。那时候的海利（格力）没有核心技术，并不生产空调，只能进行一些空调组装。

董明珠在选择进入这家空调厂的时候压根儿就没想到，这家投产时间不长、年产量只有2万台空调的国营空调厂，最终成就了她；她也没有想到，她一进海利（格力）竟然会是一辈子；她更没有想到，海利（格力）就是她寻找的、成就她梦想的地方……

那时的海利空调厂不仅规模小，而且名不见经传，年销售额只有2000万~3000万元，全公司只有20名业务员。业务员的薪酬只有卖掉空调后才会有，卖100万元可以提成两万元，这两万元里除了工资还包括差旅费、应酬费等。

这是一份有风险、没保障的工作，因为卖不出空调就没有薪水。因此，海利空调厂的业务员心里想的只有一件事：怎么才能把空调卖出去。

这样的企业，这样的产品，想要卖出空调谈何容易？特别是在20世纪90年代初，空调用户多集中在机关、工矿企业和医疗卫生、教科文单位……珠海的这类单位董明珠完全是一摸黑，不仅不知道门开在哪儿，甚至连本地人说话都听不懂。

那时候不要说家用空调，就是金融保险、邮电等行业也很少用空调，普通人夏天更多用的是电扇，昂贵的空调对他们来说是一种可望而不可及的奢侈品。

董明珠当时之所以要去做空调销售员，除了想锻炼自己、做自己从没做过的行业外，还因为敏锐的市场嗅觉让她觉得，空调这一行的前景非常好。

董明珠喜欢看书、看报纸，了解各类时事新闻。她意识到，随着改革开放的深入，中国人的生活水平会不断地提高，而且从一些资料上她了解到，从20世纪80年代中期开始，地球的温度每年都在上升……由此想见，未来人们对空调的需求会增大，空调进入寻常百姓家是迟早的事。

出于对产品和市场前景的了解，董明珠对销售空调有足够的信心，虽然没做过销售员，虽然珠海对她来说是个陌生的城市，但她不害怕，因为她对自己有信心。

"别人能做到的，我一定能做到；别人不能做到的，我相信，通过我的努力，我也一定能做到！"

这就是36岁初涉空调销售行业，有着"无知者无畏"精神的董明珠。

第二章
业务员的奋斗生活：董姐走过的路不长草

"别人给你那么多的荣誉，实际上是你付出更多换来的。我很霸道，不太容易被别人改变，但是对工作我很执着，一定要坚持自己的原则。"

——董明珠

从起跑线上瞄准的方向决定着第一轮事业的质量。哪怕是赤脚上阵，从零出发，只要能用正直和坚毅武装好自己，杜绝随波逐流，第一时间发现并规避行业弊端，就能免于事业探索路上的磕磕碰碰，保护自己不摔跤，全速向成功奔跑。

严拒潜规则，驻扎安徽显身手

1

第一天去海利空调厂上班，董明珠特意将自己打扮了一番：她略施淡妆，身着红色外套，一头油黑的长发，鼻梁上挂着的金丝边眼镜让她显得温文尔雅，美丽清纯。如此气质的女人，没有人认为她能做好一名业务员。

虽然大家都觉得她的性格和形象更适合待在写字楼里，但她却固执地说想去尝试一下做业务，去做她以前从未接触过的新行业，去卖空调。

那时候的董明珠连营销是什么都不知道，可她在心里却已打定了主意，即使碰个头破血流她也要做这一行，因为那时候营销算得上是一种新兴行业。董明珠需要挑战。

作为一个从未涉足过业务的新手，刚刚进厂的董明珠被安排到给一位老业务员打下手，老业务员负责跑北京及东北市场，他每次出去，董明珠都要跟着他去熟悉业务。

在和老业务员跑业务的时候，免不了要在酒桌上应酬。大家一杯接一杯地喝酒，喝得醉醺醺的，董明珠却滴酒不沾。老业务员见董明珠一点酒都不喝，直摇头："我早就觉得你不是干业务的料，做业务不喝酒？没有这回事！酒是什么？酒是跑业务的人用来攻关的武器！没有'酒'这个武器，你拿什么去打开客户的口袋？拿什么让客户心甘情愿地掏钱出来？不行的，无酒办不成事、签不成单！"

"攻关？什么是攻关？"董明珠突然问。

那时候，"攻关"这个词还比较新鲜。

"攻关，顾名思义，就是要把对方攻下来，怎么攻呢？男人只能靠在酒桌子上吃喝侃与客户增强感情；女人呢，除了喝酒而外，还可以依靠年轻貌美让客户喜欢，年轻貌美对做业务的来说也是一种优势，有时候，说不定还要……"老业务员看看董明珠，没有说下去。

董明珠认真地看着他："还要什么？"

老业务员停了停，慢吞吞地说："就是……总之要让客户满意！客户只要满意，让业务员做什么都行……如果一个业务员做不到让客户满意，就别想把业务拿下来！"

董明珠沉思片刻，先是点了点头，接着又摇了摇头说："我相信我能攻克客户，我能将业务拿下来，而且我既不需要用'酒'这武器来攻关，也不需要依靠性别、美色来奉献自己，换取业务。"

董明珠说的时候，虽然用的还是江南女孩的吴侬软语，但老业务员从她的语气中听出了坚定和固执。

老业务员不屑地笑笑："你还是不了解这一行啊！也不适合做这一行，还是趁早离开这一行吧，免得浪费时间。做这一行，水很深的，有很多不能为外人道、不能上台面说的事，你要是放不开自己，想要做成一笔生意……难！"

董明珠听后，莞尔一笑，不再说什么，她依然和老业务员去各地出差，去很多城市的百货商场、家电经销店……他们一家家地跑，一家家地找营业员聊、找经理谈。

跑了一段时间，老业务员发现董明珠不仅上桌不喝酒，不出卖"色相"，就是谈一些业务上的事情她也不懂得变通，原则性非常强，和他们做业务员的"圆滑"、放得开、八面玲珑完全不一样。

"像她这样，肯定坚持不了多久！"老业务员心想，他觉得董明珠虽然现在跟着他跑还能占点便宜、谈些业务，但单独跑业务肯定签不了单。靠业务提成拿工资的业务员没有单子签，怎么生存？

总之，他丝毫没有将这个业务上的"异类"放在眼里，他觉得董明珠肯定很快就会跳槽。老业务员没有想到，在他觉得董明珠坚持不了多久、很快就要跳槽的时候，董明珠却在思考另一个问题。

那时候，海利规模小，名气也小，很难找到经销商，即使有经销商愿意销售他们的产品，也是采用代销的模式，经常收不回来钱，欠款很多。

这就造成了一种现状：空调销售旺季一到，销售商一窝蜂地欠着款拉走包装一新的空调，但销售旺季一过，很多空调又被拉了回来。拉回来的空调有很多遭到了损坏。退货还是好的，有些经销商还既不给钱，也不退货。

董明珠将这种现状看在眼里，意识到这种做法是有缺陷的，但她也知道整个行业都是这样。

即使看到了这么多的"不利因素"，董明珠依然没有想着离开。

不用女性优势及"潜规则"做业务，董明珠便比其他业务员更努力地工作，她不辞辛苦地奔跑在市场上，了解海利空调的材质以及与其他品牌空调的不同点，以便在和营业员、经销商聊的时候有话说。

由于做了充足的准备，所以她在和别人聊的时候就比别人显得更专业了。"别的业务员就是来拉业务的，他们对产品一点儿都不懂！你和他们不一样！"有人赞许地说。

董明珠听了很高兴，她为能得到别人的认可而开心。

世上无难事，只怕有心人。董明珠的用心和努力，让她仅仅在海利空调厂工作半年便对产品、市场有了了解，她知道安装空调的房间面积要多大；空调安装在什么位置最好；什么样的房间应该配置多大功率、多大型号的空调；空调有问题了应该怎么维修。经过在各大城市、区域跑，她还知道了不同区域、不同性格的经销商应该采用何种方式应对。总之，半年后她对整个空调市场的市场营销有了初步的了解。

半年，仅仅用了半年，董明珠就做成了300多万元的单子。她没有像当初刚进海利时老业务员们猜测的那样，辞职或调到其他部门，她做得很开心、很享受。

"想不到啊！看不出来，你瘦弱的身躯，有这么大的能量！佩服！"带她的老业务员慢慢开始对她刮目相看。

"谢谢您！我希望能从您那里学到更多的销售经验！"感恩的董明珠红着脸，真诚地说。

2

董明珠希望能从老业务员那里吸取更多的经验，可就在此时，海利空调厂驻安徽的业务员辞职了，急需派个业务员去安徽驻地。领导原本打算派个有经验的老业务员去，但几个老业务员都推脱说自己之所以从老家跑到珠海，就是为了赶南下潮，现在又去内地还不如当初不出来呢。

就在领导为难之际，董明珠自告奋勇地说，她愿意去。

"你行吗？"领导有些怀疑。

"我相信我可以！"董明珠说。

鉴于无人愿意去，再加上安徽不是销售重地，董明珠又这么自信，领导便决定派她去试试。

"安徽的经济一般，空调市场也就那样，你去了能比原来做得好，更好，实在不行，只要把原有的客户维持好就行了。"领导说。

"我相信我一定能做得比原来好！"董明珠一脸严肃，不服气地说。

她不想听领导说这么消极的话，她相信事在人为。

就这样，董明珠稍稍收拾行李，离开了打工者们涌向的广东，去了安徽，做了海利在安徽的驻地业务员。

安徽在20世纪90年代初的时候是个贫困且落后的省份，空调更不可能走进普通百姓的家庭，所以此地的空调销售潜力并不被看好。不说别人，就是当时海利空调厂的领导们也没有将安徽当成"产粮区"，而是将它看成了"沙漠区"。

不过，令海利空调厂的领导及员工们没有想到的是，董明珠硬是在这片"沙漠"里撒下了种子，还让种子萌发了新芽，生长得郁郁葱葱，甚至覆盖到其他省份。

之所以能有如此的成绩，就是因为董明珠始终抱着一个坚定的信念：一个人只要付出了艰辛和努力，就一定会有收获。只要她摸了准安徽市场的命脉，她就能知道这个市场的蛋糕能做多大。

这不是董明珠吹牛。她用一年多的时间培育市场，并将这块资源有限的地方做成了一块大蛋糕。

在安徽这块贫瘠之地，董明珠在1992年做出了1600万元的销售额，这个数字当年占海利空调全部销售额的八分之一。

这样的数字看起来是很诱人的，也很让人振奋，但能取得这样的成绩，董明珠付出了多少只有她自己知道。

初到安徽，一切都是陌生的，陌生到她连个朋友都没有，也没有同事可商量。对于安徽整个市场，董明珠非常茫然，茫然到心里完全没底。

"世界上本没有路，走的人多了，也便成了路！"董明珠就是用鲁迅的这句话一直鼓励着自己，让自己抛却一切杂念，尽快进入角色。

进入角色后，首先要做什么？从哪方面下手好？董明珠选择暂时放下

拉业务，先看以前的账。在查账时，董明珠发现了一个问题，那就是她在
珠海总部时也曾发现过的问题：很多账收不回来。

　　这是很多没名气的中小企业普遍存在的问题，为了推销自己的产品，
他们不得不用代销的方式给经销商，这样一来便给了很多投机经销商机
会，这些没有诚信的经销商往往不是将精力放在如何推产品上，而是通过
"卡、压、骗"的方式伤害企业利益，以致出现了很多三角债，也正因为
这样，才使得很多业务员除了推销自己的产品外还要不断向经销商追债，
甚至为了要债去打官司。

　　安徽有42万元的债没有收回来，而且是一家经销商欠了42万元。42
万元在20世纪90年代初绝对不是小数目，董明珠决定将这个债要回来。

　　遇到这样的问题，如果放在老业务员身上，他们肯定会假装看不到，
或者直接将这笔账封起来成为死账，不去管它，因为这样的账肯定是前任
去追了很久都没有追回来的账，而且即使现在自己真能追回来也不会算在
自己头上，是没有提成可拿的。

　　这种费力劳神还得罪人又没有任何好处的事，谁会去做？

　　董明珠会去做。那时候，她并没有想自己能不能拿到提成，她想的是：
42万元是厂子的钱，她必须要回来。在她心里，既然做了海利空调厂的业
务员，自己就是海利空调厂的人，一切都要以厂里的利益为重。

　　这笔42万元的巨款能要回来吗？董明珠没想那么多，她当时的想法
很简单：欠债还钱是天经地义的事。经销商是生意人，知道诚信可贵，不
可能赖账！

　　她没有想到的是，这次要账让她真正明白了有些生意人是很奸猾的，
甚至可以说是无赖，而正是这次的要账经历让她产生了改变营销行业中一
些不合理的"潜规则"的念头。

合肥苦追债，初遇行业弊端

1

曾经有人形容董明珠说："董姐走过的路，难长草。"

这句话是董明珠在称霸电器行业的销售领域时传出来的。其实，这句话可以从她在安徽追讨那42万元中看出来。

欠42万元的是家电子公司，老板姓牛。这家电子公司的规模不小，临街有家装修豪华的商铺，商铺占地200多平方米，里面有几十名员工在忙，给人的感觉是一家颇具实力和规模的公司。

虽然知道账欠了那么久没给肯定不好要，但看到这家公司的规模董明珠悬起的心就放下了一半，因为至少说明这家公司是有偿还能力的。

董明珠先去了商铺，在商铺营业员的指引下到了商铺后面的办公楼，进了一间经理室，看到了坐在老板椅上的牛经理。

牛经理是个稍稍有些发福的中年人，看到董明珠进来后并没做过多反应，只是轻轻抬了一下眼皮，继续看他的报纸。

董明珠微笑着递上自己的名片，并做起了自我介绍。在董明珠做自我介绍的时候牛经理垂下的眼皮稍稍抬了抬，将眼睛从报纸上移开，看了董明珠一眼后，皱起了眉头。

突然，董明珠还没说完，他便一挥手打断了："什么？你说你是海利空调厂的？我怎么没听说过你？"

董明珠忙向他解释，说原来的业务员辞职了，现在由她接任驻地业务员一职，并客气地说，以后还要靠牛经理多多关照。

牛经理的眉头耸了耸，一声不吭，很是傲慢。他没有让人给董明珠倒水，而是端起自己的杯子，长长喝了一口。

董明珠从他的举止中知道这人不好缠，但也没有介意他对自己的轻慢。

为了更多地了解这家公司，她问起了海利空调在他们商铺的销售情况以及他们对海利空调有什么意见，最后，她直入主题，说自己初来乍到，想和他对一下账，将以前没有结清的账目全都结清。

牛经理听前面的话时一直没出声，只是脸板得平平的，但当听到董明珠说要和他对账时一下子瞪圆了眼睛，大声道："什么？对账！你说要和我对账？对什么账？我们代销别人几百万元、上千万元的产品都没有人和我来对账，你刚来几天，还要和我对账！我看你是不了解行情吧！告诉你！你们给我货，我卖完就给你们钱；没卖完，也就没钱给，就这么简单！"

董明珠一时有些语塞，牛经理的这些话确实是目前市场上存在的问题，但这种现状董明珠觉得很不合理。可怎么和他说呢？董明珠调整了一下情绪，换了种语气，说："那我来了解一下我们海利空调在你们公司的销售情况总可以吧！这样我就能知道海利空调在你们这里的库存有多少了，这样也方便以后让总公司按市场配额……"

董明珠的话还没有说完又被牛经理打断了，他开始诉起了苦，说起了海利空调的种种不是，最后直接说："实话跟你说了吧！海利空调根本就没人买！"

董明珠知道自己遇到无赖了，不知道是哪里来的勇气，她将原本一直微笑着的脸也收了起来，板着脸说："别人和你们怎么合作我不知道，我也不想知道！我现在只想知道，我们海利空调你们卖了没有？卖了多少？卖了的钱给我们了吗？卖不了的货是否要退还我们？现在你们既不给钱，也不退货，我们厂可耗不起！"

刚刚还一脸温和、笑脸盈盈的女子一下子换了种面孔，牛经理有些吃惊，一时间没有反应过来，稍停片刻，才说："这样吧！最近公司资金周转紧张，过几天再说！"

董明珠一下子抓住了他话里的漏洞："刚刚牛经理不是说我们海利空调卖不动吗？既然卖不动，那就说明货还在喽，和你们资金紧张不紧张又有什么关系？我现在就想知道，是真卖不掉，还是卖掉了但不想给钱？"

董明珠拉下脸来说的这些话显然又出乎了牛经理的意料，他愣了半天，起身说他还有其他事，这事改天再说，然后转身走了，留下董明珠一个人在办公室里。

董明珠坐在那里，又等了一会儿，还是不见人影，只能铩羽而归。

回去后，她和在珠海的同事通了电话，说了情况，同事们都劝她算了，说这账肯定要不回来了，如果能要回来，原来的业务员会不要吗？谁不想赚那2%的提成？

"再说了！你要回来也不算你的！白费那劲干吗！有这工夫，还不如赶快去跑市场呢。"同事说。

"不！我一定要要回来！这已经不是提成的问题了，甚至连钱的事都不是了，这是原则问题，如果他的欠款要不回来，就会有越来越多的人像他一样欠款。"

董明珠说得义正辞严，同事在电话那边直摇头，觉得她太固执了。

"你真是不撞南墙不回头呀！"

"我就不信了，他能逃得了？跑得了和尚跑不了庙，我天天去找他，一天不行两天！两天不行三天！三天不行一周！"董明珠说。

"那要一周也不行呢？"

"那就两周、三周，一个月！"

"一个月还不行呢？"

"不管多长时间，这件事不解决，我誓不罢休！"董明珠大声说。

2

董明珠说到做到，她锲而不舍地天天去找那位牛经理。不过，每次都是白白浪费一天时间，因为牛经理总有理由和借口，说有事要出去一下，离开后便不再回来，在董明珠接连几天上门后，他竟然干脆"消失"，再也不出现了。

这惹火了董明珠，也激起了她的犟脾气。

"你不是想躲我吗？我看你能躲多久，躲得了一天，难道还能躲一辈子吗？"

董明珠仍然天天去牛经理的办公室，他不在，董明珠也会坐在那里等着。当然，她并不是傻等，在等的过程中她会和这里的员工聊天，慢慢地竟然聊成了熟人。那些员工都很同情她，但又做不了主。

这样的日子转眼就过去一个多月了。

有一天，和她聊得最投机的一名员工看她每天等得辛苦，又见不到牛经理，便悄悄对她说："你不用天天来，给我留个电话号码，牛经理一来办公室，我就通知你！"

董明珠高兴地答应了，在谢了那名员工后她便回到了住处。果然，两天后她便接到了那名员工的电话，说牛经理回办公室了，让她赶快过去。

董明珠飞也似的奔了过去，将牛经理堵在了办公室，牛经理见到她时有些惊讶，也有些尴尬。

此时的董明珠觉得自己已经没必要对牛经理客气了，便说："牛经理，见您一面可真是难，比见国务院总理都难，您不是天天开会吗？现在开完了吗？"

牛经理的眼珠子飞快地转了几下，知道董明珠不好应付，便立刻换了一种态度，笑着说："对不起！最近实在是太忙了！实在太忙了！你辛苦了！辛苦了！"

董明珠依然沉着脸说："我辛苦点不要紧，只希望能耽误您一点宝贵时间，和我结一下之前的款。这点钱对您来说也许不算什么，但对我们来说很重要，我们全厂的人可都靠这钱吃饭呢！"

牛经理像个变脸高手，先是沉下脸，接着又嘿嘿干笑两声，大声说："好了好了！我算是服了你了，这样吧！再发50万元的货来，前面的账我马上给你结清！"

这下轮到董明珠愣住了，牛经理这是将了她一军，如果真按他说的，先给他发50万元的货的话，那么根据公司的规定，她是能从中受益的；但如果将货发给他，他依然不结货款，那么公司受的损失又增多了，同时，自己承诺的一定要收回货款的事也就泡了汤。

怎么办呢？

自己毁掉自己的承诺，算得上称职的业务员吗？

想到这里，董明珠镇定自若地说："您把前面的欠款付了，我马上让公司发50万元的货来。"

此时的董明珠想的就是无论如何都要要回前面的账，要回前面的账是牛经理提任何条件的前提。

牛经理也不是吃素的，坚持让她先给50万元的货，看到50万元的货后再结之前的账。两个人"斗"了好几个回合。

董明珠在"斗"的过程中已经完全冷静下来了，她知道，也许牛经理说再发50万元的货只是一个借口，只是为了让她左右为难，目的就是为了赶走她，不结之前的账。

需要斗智斗勇的时候到了，董明珠假装沉思片刻，语气舒缓下来，她说可以按他说的，先给50万元的货，再结前面的账，但在发货前她要知道之前那些货还剩多少，不然不好向总厂汇报。

牛经理中了她的计，但却撇着嘴说那些货没什么好看的，都有毛病，都是些没人要的废品。

"有毛病没人要？那正好让我拉走算了，这样也就不用再让您结账了，而且还不占您的地方，您说是吧，总之，让我看看那些货吧！"

董明珠从牛经理的话里已经知道这个人还想继续要无赖，所谓结款只是拖延的借口而已，心里反而不怎么慌乱了，她只是执着地要求想要看看那些货。牛经理哪里见过这么执着的人，只得让步，但又说仓库保管员不在，让董明珠明天再来。

董明珠知道牛经理又是在找借口，因为他说仓库保管员不在时是顺口说出来的，他没有问任何人，怎么知道仓库保管员不在？显然又是在糊弄她。不过，看到牛经理好像也表现出了不耐烦，怕将他惹毛了，最后又来个"消失"，自己再找他就难了。于是董明珠就假装被糊弄住了，说明天就明天。

回去的当天晚上，董明珠开始思考几个问题：第一，这种人以后还有没有合作的必要？第二，自己这么做，算是对工作负责吗？第三，如果牛经理仍然不结账，自己该怎么做？告他吗？

经过一晚上的思索，董明珠给出了答案：第一，这种人以后绝不能再合作；第二，自己这么做是正确的，是对工作的负责；第三，如果他仍然不结账，那就一定要要回全部货品。实在不行再打官司，总之，绝对不能让他的无赖行径得逞！

3

一夜无眠，董明珠一早就去了那家电子公司，结果再次证实了她的猜测，牛经理又在耍赖。

由于早有思想准备，董明珠倒不是很沮丧，而是通过这里的员工打听到了海利空调还有多少库存，在得知很多货都被他们在搬运中损坏后她非常心疼，更抱定了非要拿走货的决心。

董明珠又接连两天去了牛经理的办公室，也许是见没办法糊弄了，也许是被董明珠"烦"得无可奈何了，牛经理终于出现并带她去了仓库。

仓库很破旧，和店面豪华的装修完全不一样。凌乱不堪的地面上堆放着各式各样的产品，大部分产品都没有了包装，猛一进去还以为进了废品收购站。

董明珠的心砰砰乱跳，她在那一堆堆的"废品"中寻找着海利空调，瞅了一圈还不见她便什么都不顾地开始扒拉，将上面的产品扒开来寻找。

总算找到了，海利空调和其他"废品"的命运一样，被乱七八糟地堆放着，伤痕累累。

这一台台空调凝聚了多少工人的心血，价格也不便宜，却被这样胡乱堆放着，董明珠的心很痛。她继续翻找着，终于看到了几件没有拆封的海利空调。

在气喘吁吁地将拆封和没拆封的空调全部清点了一遍后，她对一旁冷眼旁观的牛经理说："所有的海利空调我都要拉走！"

牛经理看着董明珠半天没说话，这个倔强的女业务员让他意识到，她和原来的业务员不一样，不好轻易打发。

董明珠不管他说不说话，继续说，这是前任留下的旧货，一定要拉回去，必须将之前的事情了结了，这样才有利于以后合作。

牛经理沉思不语，片刻，他拿出烟，在烟盒上弹了弹说，那就明天来拉货吧。像是为了堵住董明珠的嘴，他又补充道，现在快下班了，你也没找来车，怎么搬？

牛经理的态度让董明珠很是不解，因为他不再提发50万元货的事情了。

董明珠试图从牛经理的表情上看出些什么，但除了看到那一抹有些奇怪的笑意外，看不出其他。她想当即将货拉走，但想想确实天色已晚，这时候也确实叫不来车，只好同意牛经理的意见。

董明珠没想到，这又是牛经理耍的滑头，因为当她次日一早去仓库的时候，仓管员不在，说是国庆节放假，仓管员要休息。

已经租来的车正停在仓库门口，董明珠就那么傻傻地站在仓库门口，看着铁将军把门发呆。她再次被牛经理戏弄了。

让租来的车回去后，董明珠在原地站了很久，她听着来来往往行人的说话声，听着汽车喇叭声在她耳边嗡鸣，鼻子一酸。她觉得非常无助，无助到想要号啕大哭一场。

不知道待了多久，直到太阳高高升起，烧灼着她的皮肤，她才挪动着沉重的脚步，回到了住处。

回去后，董明珠便将自己紧紧地关在了房间，她的脑袋一片空白。她不停地问自己，这样做值得吗？用几十天的时间去追这笔原本自己不该负责的烂账，自己受损失不算，还有受不尽的委屈。

不过，和以往遇到任何困难时一样，董明珠最终还是说服了自己，觉得一切都是值得的。作为海利空调厂的业务员，自己首先考虑的不应该是个人利益，而应该是整个厂子的利益。同时，她不能因为别人的无赖而生气，更不能陷入哀怨中影响自己的气势。自己现在要做的就是做出业绩，向厂里和其他人证明自己的实力。

渐渐冷静下来的董明珠觉得，在追这批货的同时，也不能因为这件事影响自己去扩展其他业务。反正国庆几天仓管员不在，也没办法去搬空调，于是，她收拾了一下简单的行李，搭上了一辆去淮南的公共汽车。

整个国庆节，董明珠都穿行在淮南的店铺里。国庆节后她又回到了合肥，第一件事就去找牛经理。

牛经理再次"消失"，董明珠再次执着等候。

董明珠的执着和牛经理做事的"缺德"彻底让牛经理的员工们"倒戈"了，他们都说要帮她。在那些员工再次给她通风报信后，她见到了牛经理。这次，董明珠将所有的涵养都收了起来，她冲到牛经理面前，大声吼道："这么大公司的经理，怎么能说话不算话？你当面说好要退货给我的，可又不停地糊弄我。从现在开始，你走到哪里我就跟到哪里！告诉你，我不像，说话不算话！我说到做到，咱们走着瞧！"

董明珠愤怒的表情吓坏了牛经理，他急忙说："好了！好了！你厉害！算你厉害！明天就给你退货！"

董明珠虽然还是不相信，但牛经理反复保证，说明天一定给她退货。董明珠这才忐忑不安地回去了。

那一夜是董明珠到安徽后睡得最不安稳的一夜，她不知道明天迎接她的是什么，还会是失望吗？

一夜无眠。

一大早，董明珠便急不可耐地洗漱出门，租了一辆东风车开到仓库门口。

　　这次，牛经理没再耍花样，但却冷冷地说："你要想搬就搬吧！不过只能你自己搬！外人不能进去。"

　　牛经理虽然答应让董明珠搬货，但却很不甘心，所以想再刁难一下她，因为他觉得一个弱女子是不可能搬得了42万元的空调的。但没想到董明珠没有丝毫的犹豫和胆怯，马上进仓库搬空调。

　　沉重的空调被董明珠一个个地挪着、抱着，搬到了卡车里。

　　汗水从她的脸上流了下来，流到了她的脖子上，妆容花了，衣服湿了，但她不停也不歇，只是不断地搬着。在搬到最后一台时，那位牛经理低下了头……

　　看着42万元的货到了自己的手里，董明珠内心隐藏的委屈一下子迸发了出来，她坐在卡车副驾驶座上，眼泪溢满了眼眶。在卡车开动的那刻她将头从窗口探了出来，朝牛经理喊道："从今往后，我们再也不会和你这样的人做生意了！"

　　喊完，眼泪像泉水一样，唰唰唰地流了下来。

　　40天，整整用了40天，董明珠在饱尝了冷落、戏弄和欺骗后，追回了42万元的货。

　　这次追债让她意识到，不管一个企业的发展前景多好，如果遇到像牛经理这样的经销商多了，都会将企业拖垮的。所以要想做一个优秀的销售员，她就必须学会如何应付这种情况，如何应付这种人。

　　从那时起，她已经开始想着怎么杜绝出现这种情况了。也从那天开始，经销商里便有了关于她的一些传言，说她的执着让人害怕，说她是个不折不扣的狠角色！

自创交易新模式，喜获人生第一单

1

经历了40天的追欠款后，董明珠突然有种醍醐灌顶之感，她好像一下子知道了什么是营销，应该怎样做一个成功的营销者。

她知道了开拓市场的艰难，同时也知道了，货款不清将会使企业陷入恶性循环。

董明珠查了很多资料，知道了这种无良状况会使很多具有发展前景的企业因为无法追回欠款而被迫停产。也就是说，商家的责任最后由厂家来承担，而那时候的销售市场通行这种销售方式，因为只有这样经销商才会与厂家合作。

面对这种情况，自己应该怎么做？依然按照老规矩来做？可如果不解决这个问题，即使打开了安徽市场又有多大的意义呢？

董明珠给了自己几天的思考时间，最后得出一条结论：必须先打款后发货，绝对不能赊账。只有这样才能保证双方的利益，才能体现商业的公平。

董明珠怎么也没有想到，自己的这条结论会成为她自定的一条商规，并延续到自己一生的事业中。

若干年后，格力电器有了"在她手里不会有应收款"这条在行业内独树一帜的商规。

当然，在董明珠给自己定下这条商规的时候，她所在的公司还只是个名不见经传的空调小厂。不要说像海利这样的小厂，就是一些大厂也在用"先货后款"的代销方式。试想一下，在当时的市场环境下，董明珠这样一个来厂里不久的底层业务员，要怎样实现自己定的"先款后货"？

那时候，这四个字就像笑话一样，在别人看来是根本不可能实现的事。董明珠不这么看，在别人说她真这么做只能是自寻死路、死路一条时，她坚定地说："之所以你们觉得不可能，是因为你们从来都没有想过去尝试！"

"那你就去尝试，就去撞南墙吧！撞得头破血流，你就知道这一行该怎么做了。"老业务员对她的"不识时务"很无奈，摇着头说。

董明珠依然微笑着不说话，她在心里发誓，一定要让他们知道，健康的营销模式才是最有生命力的。

在那时候，董明珠已经将自己的目标定位在超出业务员之外的企业利益上了。她开始考虑如何避开这种债务泥潭。她觉得，想要打开安徽市场，而且不再陷入讨债陷阱，必须打破原有的不合理规则，找一块能够敲开健康销售理念的敲门砖。

这块敲门砖是什么呢？就是经销商，而且是信誉好、有很好的销售理念和服务意识的经销商。只有这样的经销商才有可能接受她的不欠款原则。

这样的经销商有吗？董明珠不知道。但她知道，只有这样做，安徽的空调市场才能真正打开，她的销售业务才能走上一个新的台阶。

40天的追债让董明珠知道不能延续原有的规则走下去了，这是她追债后的一个重要收获。

　　有了具体思路后，董明珠开始为执行这个思路做准备。她用了整整一个月的时间了解整个安徽市场，她跑遍了合肥、淮南、芜湖、铜陵、安庆等地。最终，她将主攻地放在了淮南。

　　董明珠之所以选择淮南，是因为淮南经销海利空调的比较多，虽然这种经销也是代销，但最起码他们知道海利空调这个产品。

　　不过，当她真正和这些经销商聊、问他们代销海利空调的情况时，听到的全是牢骚和不满，不是嫌产品不过关就是嫌服务不到位。董明珠越听心越凉，让他们代销都这么不满意，还能指望他们答应付款发货吗？

　　不过，正是这些人的牢骚和不满让她意识到了品牌信誉的重要：一个品牌的信誉要是没有了，那是怎么都无法挽回的。

　　找代销过海利空调的商家看来是没有希望了，无奈之下，董明珠决定去那些没有代销过海利空调的商家试试。在一个电器商场，她找到了经理，听完董明珠的介绍后，那人只是轻描淡写地说了一句："没见过你们的产品，好不好不清楚，拿几台来试试吧！"

　　他说话时那随意的表情就像海利空调是一个不值钱的物品，想让他们接手，董明珠就该感恩戴德地拿来求他们收下。

　　董明珠虽然觉得此人不是她需要的"敲门砖"，但还是试探性地问："你们都采用什么方式付款？"

　　那位经理瞟了董明珠一眼，指着顺德的华宝空调和江苏的春兰空调说："看到没有，它们都是代销的！你们当然代销……还想怎样？"

　　经理摇了摇头，嘴一撇，没再说话。

　　董明珠的心里有说不出的难过和失望，因为这两家产品在国内已经有了一定的知名度。但这么有知名度的品牌都是先发货后付款，海利空调会例外吗？虽然知道没什么希望了，但董明珠还是鼓足勇气说："我们海利是先付款后发货！"

一听这话，对方变得不耐烦，像轰苍蝇一样将董明珠赶走了。

第一家虽然没成功，但既然已经开了口董明珠也不再顾忌什么了，她一家又一家地找着，一家又一家地谈着，但结果都一样，在她提出"先付款后发货"后，那些人像看怪物一样地看着她。"你是新来的吧！不了解行情吧！还什么'先付款后发货'，明白吗？'代销'！这是市场规则！市场规则你懂吗？"

董明珠有一种很无力的感觉。即使再有信心、再执着，现在她也需要冷静地考虑一下，这样盲目地跑，有效果吗？是不是自己的做法，真的行不通？要不要继续坚持下去？还是按照原有的规则来做？

董明珠做了很久的思想斗争，最终觉得不能妥协，她知道，她只要一妥协，迎接她的就会是一桩又一桩的"40天追债"。

"我就不信没人认可我的观点！我就不信没人和我一样，成为第一个吃螃蟹的人，我要让大家知道，健康的销售理念是有人认可的！"

董明珠的倔脾气又犯了。

2

说到就一定要做到，这是董明珠的执着，她不会轻易认输，也不能轻易认输。

在对之前的遍地撒网式走访做了得失总结后，她提醒自己，选择合适的人选很重要，她要寻找到一个经商理念和她相似的人，她要让自己掌握话语的主导权。因此，当她再次踏入一家电器商店时，她就在心里警告自己，一定要稳住，一定要知道这家店经理的经商理念，不能莽撞。

即使聊天时尤其是在没有说到关键问题时，对方和她有着相似的理念，也表示希望市场能够良性发展，但当她说起付款模式是先付款、再发货后，对方就会马上就换了副面孔，瞪大眼睛说："你开玩笑吧！"

在她微笑着说不是开玩笑并要做解释时，已经不客气地摆手送客了。

没关系，不就是多了一次失败吗？董明珠这次出门后没有沮丧感，她长吸一口气，笑笑，继续一家又一家地去试探，一家又一家地讲述她的理念和观点。可得到的回应永远让她失望，一些不客气的经销商甚至还说："你以为你们海利是什么大企业？还跟我们经销商提条件！经销商是什么？是你们生产厂家的衣食父母！没有我们卖空调，你们赚什么钱？"

面对如此"恶语"，董明珠总是微笑面对。她知道，想要让自己的理念取得别人的认同，还有很长一段路要走，因为旧有的理念太根深蒂固了，很多人只顾眼前利益，根本不管会带来什么不良后果。

董明珠没有泄气，不断地重复着，说这么做只是想让整个营销过程进入良性循环，大家的目的是一样的，只有经销商及时付款，生产商才有能力提供更好的服务，生产出更好的产品。

"没有这种道理！不代销你们家的空调，我们还能代销其他家的空调！你想坚持就坚持吧！看看有谁会接受你们的先付款后发货！"

等来的依然是这些话。

董明珠一天天地跑着，每天都说得口干舌燥。有些人看董明珠太执着很辛苦，便同情地说："别犟了！你这种方式根本就不可能做成一个单！别自讨苦吃了！你们业务员不就是拿提成吗？何必操这种心？"

董明珠微笑着回答："我是海利空调的业务员，所以我的命运是和海利空调连在一起的，锅里没有，碗里怎么会有？而且我一定会让你们知道，有人会接受这种方式的，因为这才是正确的营销方式。"

虽然说得很有信心，但接连的失败有时候还是让她有些沮丧。

"董明珠，一定要坚持！只要认定是对的，就要坚持！总有将诚信放在第一位的人会理解你，并认可你的做法的！"董明珠不停地给自己打气。

接下来迎接董明珠的依然是一次次的打击，虽然身心疲惫，但每敲开一家电器商店的门，她都会让经销商们看到她微笑的样子。

幸运之神终于开始向她倾斜。

这次在她敲开淮南一家电器商店的经理室的门后，董明珠看到了一位女性经理，和无数经销商打过交道的经历让她觉得这位女性经理看起来很和蔼可亲，虽然她看起来也不乏生意人的精明，却也像个真诚忠厚之人。

董明珠在心里给自己定了个目标，一定要说服这个人。

同为女性的身份，让她们很快就开始了轻松的交流。这次，董明珠没有一上来就说合作的事，而是"以情动人"，她聊起了自己几个月以来的经历，聊起了追那42万元欠款的不易以及因为遵循"先付款，再发货"原则时所遭受的种种打击。

女经理被她的勤奋和诚恳打动了。

"看你也不容易，我们就先进20万元的货试试，好销的话我们以后就多进，不好销以后也就不进了。"

董明珠一听，激动地握住了女经理的手，连声说：谢谢！

这20万元也是董明珠独立做成的第一笔生意，而且还是在遵循了"先付款，再发货"的原则下做成的这笔生意，她的兴奋可想而知。

在拿着20万元支票离开女经理的办公室后，董明珠的眼泪再次溢满了眼眶，不过这次不是委屈的眼泪，而是高兴的眼泪。她暗自在心里发誓，一定不辜负这位女经理的信任，一定要做好后期服务。不能像以前那些业务员一样，签了合同、拿了钱就不管了。

确实，之后董明珠和这位女经理成了朋友，她一次次去女经理的店里了解她的销售情况，和她一起想对策，这家店及这位女经理真的成了董明珠敲开安徽市场的敲门砖。

加强"售后"服务，业绩上涨写传奇

1

有了第一单的20万元，董明珠对实施自己的营销新规则更有信心了。

不过，那位给了她20万元订单的女经理的店里虽然摆上了海利空调，但关注的人非常少。这让董明珠有些着急。女经理帮了她，而且还是先打款后发货，如果这些空调卖不出去，不是害了女经理了吗？更何况空调老卖不出去也会让这位好心的女经理对海利这个品牌失去信心，将影响海利空调在安徽的进一步推广。

所以她决定，一定要帮助女经理将20万元的货卖出去。

董明珠开始动起了脑筋，想着怎样才能让更多的人知道海利空调。要想让更多人知道这个品牌，仅仅摆在店里想畅销很难，可不在店里摆着还能摆在哪儿呢？

董明珠知道，一个产品以最快速度被人们认识，最好的办法是在电视或报纸上做广告，可做广告的费用很高，海利这样一个小厂实在没有多余的钱去做广告。

怎么才能既不用付广告费，又能让更多的人知道海利空调呢？

　　这个问题一直困扰着董明珠，直到有一天她在公交车上听到两个人在聊天，说自己家里的亲戚多，七大姑八大姨的，一家有一点事，一个传一个，很快全部亲戚都知道了；一家买了什么东西，用不了多久每家都要去买一个。

　　说者无意，听者有心。董明珠突然有了主意，她兴奋至极，马上下车去找那位女经理。并对她说："我想到了一个不用在媒体上做广告，还能让更多人知道并了解我们海利空调的方法。"

　　"哦？有这样的好事？什么办法？"女经理也在为海利空调无人问津而烦恼，一听这话忙问。

　　"很简单，咱们可以发动员工，先向他们的亲戚朋友介绍！一个介绍一个，知道的人不就多了吗？而且一旦这条线上有人用过、很好用的话，这种口碑的传播比什么都有用。"董明珠兴奋地说。

　　女经理有些将信将疑地看着她。

　　"试试吧！大姐！我觉得一定行！"她又说。

　　女经理答应了，下班前她召开了全体员工会议，董明珠破例参加。在这个会上，女经理让董明珠说了她的想法，员工们听后也都叽叽喳喳地小声议论着。女经理见大家有兴趣，便又说了奖励机制，员工们的积极性一下子调动起来了，都说会回家试试。

　　一个月后，董明珠又去那家店时，女经理高兴地告诉她，效果不错，来店里了解海利空调的人多了很多，已经卖掉好几台了。

　　"太好了！旺季一定会更好的！"董明珠很有把握地说。

　　董明珠说得没错，1992年夏天，经过口口相传的海利空调，20万的货在这家店里很快就被销售一空了。女经理非常高兴，马上打款，让董明珠给她发货，第二批货上来后销售情况依然非常好。

　　这家店的成功竟然在无意间被打造成了一个样板店。

有了样板，董明珠便以这家店为例，"现身说法"，使一家一家的经销商都同意了"先付款，再发货"，一张张订单雪花般地飘到了董明珠的办公桌上。

仅在安徽淮南市，董明珠在1992年的销售额就达到了240万元，比其他省的销售额还多，淮南也成了整个安徽市场中业绩最好的城市。

安徽市场被董明珠打开了。

这是个令很多人感到惊讶不已的成绩。之所以能有如此成绩，是因为董明珠的跟踪服务让经销商没有了后顾之忧，虽然要先打款再进货，但因为有业务员的贴心服务，他们觉得销售海利空调既放心也省心，对进海利空调也就更有信心了。

董明珠并没满足于这个成绩，她要由点到面，开始全面辐射。而此时的海利空调也已经更名为格力空调了，董明珠主张的售后跟踪服务成了格力空调在安徽销售火暴的最主要原因。

董明珠用她的实际行动，以及真实业绩告诉了曾经怀疑她的人："先付款后发货"的营销方式是可以被市场接受的。

淮南市场的成功只是董明珠的第一个目标，接着，她将下一个目标盯在了芜湖。芜湖成了董明珠的第二个战场。

2

刚到芜湖的董明珠又像最初去淮南一样，面对的是陌生的地方、陌生的人。不过，因为有了在淮南的成功，她没有再盲目地去一家一家跑，而是决定瞄准一家大商场，然后主攻它，让它变成一块能够敲开芜湖市场的敲门砖，让格力空调在芜湖一炮打响。

通过踩点，她发现了一家规模很大的商场，而且是家国营商场，这家国营大商场对格力空调的前身——海利空调并不陌生，也曾代销过。

不过，当董明珠见到这位公司经理时，通过简单的聊天，她发现这是一位做事谨慎的经理，这样的人通常为了安稳和自保不会去做一些改变，也缺少开拓市场的魄力，所以她稍稍有些失望。

芜湖已经再没有这么大规模的商场了，小商场即使做成功了，也只是小的"敲门砖"，力度太小。看来最好能和这家商场合作，可这种性格的商家经理要怎么说服呢？

董明珠想了想，决定先用真诚来获取他的信任，然后打消他的顾虑，让他对和格力空调合作有信心，然后再说合作的事。

然而，董明珠在向那位经理介绍完自己后，那位经理不客气地抱怨道："你们什么时候把多收我们的钱给退回来？"

董明珠愣住了，急忙问是怎么一回事，以前是代销，怎么还会出现厂家欠经销商的钱？

那位经理说了，董明珠这才知道，格力空调在之前和这家商场合作的时候，由于原来业务员的疏忽，多从这家商场要了钱。

知道了前因后果后，董明珠向他保证，一定会打电话给总公司，查清账目。如果真如他所说，那么很快就会将多收的钱退回来。

从那家商场出来后，董明珠马上打电话给珠海总部，让他们查一下，查后的结果果然如那位经理所说。

"那就尽快把钱退回来吧！"董明珠皱着眉说。

她不明白，这些业务员都是怎么做事的，怎么可以有这样的失误存在？

钱很快给这家商场汇过来了，董明珠做事的认真和麻利给那位严谨的经理留下了很好的印象，他说，原本准备不再和海利（格力）合作了，但冲着董明珠，他愿意再尝试一下。

就这样，这家公司成了董明珠在芜湖合作的首家商场，更让董明珠感动的是，这位经理不仅订了货，而且还和董明珠一起分析市场走势，制定销售策略。

货到了芜湖后，董明珠配合这位经理，按照他们制定的销售策略去销售。慢慢地，格力的市场在芜湖打开了，这家商场仅在1992年一年就销售了100多万元，也创造了该商场的销售奇迹。

这家商场如同一块巨大的敲门砖，帮董明珠敲开了芜湖的市场。

这再次给了董明珠信心，她随后将战场放在了铜陵。董明珠之所以选择铜陵，是因为铜陵在安徽属于经济能力比较好的地级市，是全国的铜矿基地，那里有很多工业区和家属区。

然而，当她去了铜陵后才发现，事情没那么简单，铜陵和之前的淮南、芜湖市场完全不一样，大商场没有，小商场遍地。所以想要延续之前找大商场打开市场的方式并不合适。

经验无法复制，她必须换个思路找敲门砖，董明珠决定先去了解铜陵市场。通过了解，董明珠发现有家医疗器械商店代销过海利空调，而且这家店还欠着海利空调的货款。董明珠决定先去要欠款，要款的过程也是一个了解空调市场的过程。

不过，当这家店的经理听说她要来结之前的欠款时，便怒气冲冲地说："你说我们欠你们的钱？我们什么时候欠你们的钱了？是我们给了你们钱，你们不发货给我们，还把厂名给换了，我们正想找你们呢，你们倒找上门来了！"

董明珠虽然有些诧异，但还是怕出现芜湖那家国营商场发生的事，便很冷静地拿出了随身携带的账本，看了一下后说："你们弄错了吧！当时给你们发的货明显超出了你们给的货款。"

那人不想听董明珠说，一挥手："我们可是大公司，不会弄错的！你来得正好！快给货！不给货，就给我们退款！"

董明珠平心静气地让他们拿出账本来对，但那经理却以没时间为由拒绝对账。董明珠一直赔着笑脸，说对账并没有其他意思，只是想看一下，如果真的没给发货，可以尽快补齐。

听董明珠这么一说，那位经理这才上下打量起董明珠来，态度也有些缓和，但还是牢骚满腹，说海利空调实在不好卖，产品单一，缺乏知名度，不像春兰、华宝、小天鹅有名气，还说春兰、华宝和小天鹅的品种很多，也有知名度，很好卖。

董明珠耐心地听着那位经理发牢骚，诉说卖空调的艰难。听的过程中，董明珠发现，这位经理虽然脾气暴躁，但性子直，人也正派，是个值得合作的人。

最后，她仔细地和这家公司对了账，然后将情况汇报给了总部，让总部查清楚究竟谁欠谁的钱。

一来而去，总部的账还没查清，董明珠和那经理已经聊得很投机了，都觉得对方很真诚，于是便签了单。

和之前的每次签单一样，董明珠没有签完就了事，而是经常去商场，和卖空调的女营业员聊天，告诉她们怎么推销格力空调最有效，因为她知道，这些营业员对品牌的推广起着至关重要的作用。

功夫不负有心人。1992年，这家医疗器械店的格力空调销售额超过了华宝，不仅让营业员吃惊，连那家店销售华宝的业务员也大呼不可思议。

有了这家店的成功，董明珠便将目光放在了整个铜陵，因为这家医疗器械店的成功只相当于拉开了整个铜陵市场的一道小口子，想要占领整个铜陵的空调市场，她需要找一家更大的经销商。

可大经销商在哪儿呢？

董明珠突然想起和医疗器械店的经理聊天时，那位经理发牢骚时说的话。当时，那位经理曾抱怨客户用电要交增容费，还要经过层层审批，非常麻烦。

空调用电量大是实情，而且在20世纪90年代初，很多地方的电力供应不足，经常出现停电现象，不要说其他单位或家庭，就是政府部门、医院和科研单位也时常停电，这为销售空调带来了麻烦。

董明珠想，既然空调与供电局有很大关系，那么是否可以直接让供电局来经销空调呢？因为当时很多国家机关和部门都支持企业和单位办"实体"，这种找上门来的好事供电局应该不会拒绝。

这是董明珠灵机一动想出的主意，一有主意她便付诸行动，直奔供电局……

3

当时的灵光一现成就了董明珠在铜陵乃至安徽的第一笔大生意。

由此可见，很多时候，机会需要我们去捕捉和把握，捕捉并把握住了这个机会，成功也就属于你了。当然，除了捕捉和把握机会的能力，执着和认真也不可或缺。

董明珠去了供电局后首先找的是营业部。一到营业部，她更高兴了，因为营业部确实在销售空调。然而，在她兴冲冲地去看那些空调时，却发现都是一些品种不全、质量和价格也不怎么样的杂牌空调。

董明珠意识到，由于供电局属于行政单位，又从未涉足过生意，所以不像商家进货时那样小心，而是随随便便地拿货。这种情况在董明珠看来正是种机会，她在心里暗暗发誓，一定要拿下这个订单。

于是，她问营业员经理在不在，营业员盯着她上下打量，那天的董明珠穿着一双沾满灰尘的旧球鞋，背着一个黄书包，穿着打扮完全像个来自乡下的乡村教师。

董明珠没有介意营业员的眼光，她微笑着拿出自己的工作证。营业员认真看了看她的工作证后，眼神里的疑惑更深了。董明珠想，营业员一定在想，这位来自珠海经济特区的人怎么这么土？

董明珠想解释一下，但又不知道怎么解释，只是微笑地看着她。

营业员又迟疑了一会儿后，将工作证交给她，并指了指楼上。

"经理在楼上！"她说。

董明珠朝她说了声谢谢，上了楼。

在往楼上走的时候，董明珠的内心还是很忐忑，政府部门办的实体会听她说吗？

不过，在她见到了经理时，忐忑的心情顿时消失了，经理很和善，而且也很谦逊，在听董明珠介绍了自己的身份后特别高兴，还说自己对经商是个门外汉，问董明珠有什么好建议。

听经理这么一说，董明珠便毫不顾忌地谈了起来，她从目前的空调市场谈起，结合供电局的实际情况，对他们的销售额、实际盈利做了分析。分析完后，她又将格力空调的优势说了一番，还告诉他怎么销售最有效。

董明珠滔滔不绝地说着，如同老师在给台下的学生讲课，那位经理非常配合，也像个学生一样认真地听着。董明珠当时还未意识到，她其实是在无意识地培育市场。

虽然说得口干舌燥，但董明珠越说越兴奋。说完后，她才意识到自己光顾说了，没让经理说他的想法。

不料经理却用佩服的眼神看着她说："你说得太好了！一听你就是个内行！这样吧！今天马上就下班了，明天我又要去开会，后天你有时间的话，能再来吗？"

董明珠一听，当即答应下来。她知道，她打动了经理，而且经理对格力空调也有兴趣。

之后，董明珠就像在合肥要债时一样，经常去供电局。不同的是，她以前去的时候很不受经理欢迎，但去供电局，经理及下属对她都很热情。

在供电局，她会和经理一起讨论空调市场的运作情况。当经理忙其他事的时候她会去营业部四处转，观察其他品牌的市场运作，从中吸取经验教训。

最终，在她锲而不舍的努力下，经理说话了，他说他很想和董明珠做成这笔生意，但这么大的事情他一个人做不了主，需要向局领导汇报，然后再做决定。

董明珠说她明白，还说如果可以，在局领导来的时候她想亲自给局领导介绍情况。经理没有犹豫就答应了。

没过几天，董明珠便见到了局领导，并向局领导说起了铜陵的空调市场，说起了格力空调的生产、销售情况，说得局领导连连点头，当即拍板要进格力的货。

这是一笔50万元的货款，当这笔货款打回珠海总部时，整个格力空调厂都震惊了，董明珠也一下子被厂里的人所熟知。很多人甚至把她传得神乎其神，说她仅仅只是说了几句话，领导便大笔一挥，汇了50万元货款。

这些话传到董明珠的耳朵里时她哭笑不得，她知道，做任何事都不可能那么轻易成功，更不要说去开拓市场了。

4

安徽铜陵供电局这笔50万元大单并没有让董明珠兴奋得找不着北，因为对她来说，工作还没有做完，即使50万元的款到了总部账上，货也已经发到了铜陵供电局，想要让格力空调这个产品在铜陵真正落地生花，还需要做很多事情。

此时的董明珠已经将后期服务当成了营销最重要的一环。

后期服务就是怎么让格力空调的销售量上去，而要想让销售量上去，董明珠没有像以前一样站在营业部帮着卖空调，而是决定先培训一些专业的商场营业员。之所以要培训营业员，是因为供电局的营业员都是供电局的员工或家属，没有任何销售经验。

这种培训营业员的做法也只有董明珠这个业务员才会去做，更重要的是，她不仅做了，而且做得非常认真。

针对这些营业员没有任何销售经验，特别是对卖空调完全外行这一特点，董明珠将自己的时间全部放在了供电局，她不仅统一培训营业员，而且还一对一地教那些营业员怎样向用户推销空调，告诉他们格力空调有哪些优势，如何帮助客户调试空调等。

除了教营业员，董明珠还给供电局的安装队提出了建议，让他们重视空调安装，还说空调不像其他电器那样运回去后插上电就能工作。空调的安装关系到空调的使用寿命、运作的安全性、合理性，甚至关系到工作时有没有噪音等。

为此，董明珠给供电局提议，让他们优化安装维修队伍。

董明珠不知道，自己这么做其实是在改变整个市场的服务意识，这也为她日后成为销售女王，为格力电器成为世界知名企业打下了坚实的基础。

努力没有白费，供电局营业部的营业员们很快就成了称职的"空调销售员"，在1992年的夏天来临之际，在空调销售旺季，铜陵供电局的"实体"做得风生水起，格力空调一时间竟然供不应求。

铜陵市场的打开一下子让格力空调这个品牌深入人心，曾经低迷的空调销售在铜陵发生了逆转。

擅长总结的董明珠通过与铜陵供电局的合作有了启示，她想，既然铜陵能和供电局合作，其他地级市是不是也可以和供电局合作呢？

果不其然，董明珠随后就和合肥、芜湖、安庆等地供电局的实体产业有了合作，并取得了不俗的成绩。最终，安徽供电系统对格力空调的销售额竟然占了安徽三分之一的市场。

当然，董明珠在安徽的成功除了她"急客户之急，想客户之想"的服务理念外，还因为格力空调在质量上有了很大改观，为销售的一路攀升做了保证，也使董明珠在安徽的营销进入了良性循环之中。

董明珠在安徽的名气被打响了，很多企业和商家开始主动找董明珠，和她合作，还有一些从未销售过空调的商家，也慕董明珠之名要销售格力空调。这些人里有个合肥的汽贸公司老总给董明珠留下了深刻的印象。

当时，这位老总60多岁，他的汽贸公司以前没有销售过空调，更不知道格力空调。不过，他却听说过董明珠这个人。有次无意间两人相遇，这位老总便给董明珠讲起了他的汽车销售，董明珠认真地听着。听完后，她给这位老总介绍了格力空调，并向他展望了格力空调在安徽的销售潜力。

没等董明珠说完，那位老总便打断了董明珠的话，直接让她根据合肥的需求帮他排一个要货清单，董明珠虽然有些惊讶，但还是认真地将各种型号的空调给他排列出来，并指出如果他们要销售的话，需要125万元。

董明珠在说出这句话的时候根本没想到他会销售格力空调，结果那位老总一听完她的话，毫不犹豫地说："我马上让财务给你开支票！"

汽贸公司老总的话不仅让董明珠吃惊，也让当时在场的人吃惊，有人小声提醒他，让他不要这么仓促做决定，等调查完市场再说。那位老总竟然当着很多人的面，大声说："董明珠还需要调查吗？如果她真是骗子，我也认了！"

这位老总的举动和言语让董明珠非常感动，也更加坚定了她坚持健康销售理念的想法。

将安徽这些市场打开后，仅1992年一年，董明珠在安徽的销售额就突破了1600万元，她一个人的销量竟然占了整个公司的八分之一。

　　面对这样的业绩，有人吃惊，有人羡慕，更有人请教她，问她有什么神奇的销售方法，教教他们，董明珠只说了两个字：勤奋。

　　勤奋是她成功的第一步。正是因为她的勤奋，让她迈进了成功的大门，同时也让她更加自信，有了勤奋和自信，董明珠在营销市场上注定是个胜利者。

　　即使董明珠在安徽做出了如此成绩，在那时候，还是没人能想到，进公司不到两年的董明珠、一个看似柔弱的江南女子，竟然会以她的方式创造出一个又一个的销售奇迹。董明珠就像传奇人物一样，她的名字在整个格力公司传开了。"董明珠"这个人名也吸引了一个人的注意，那就是格力空调的董事长。

　　没有人会想到，这个人最终也成为董明珠人生中最重要的伯乐，成了真正改变她命运的人。这个人就是原海利空调厂，改名后的格力电器公司董事长朱江洪。

第三章
销售女皇成长记：只做正确事，正确去做事

> "真正好的营销政策，不仅是把货卖出去、把钱赚回来，还要在厂家和商家之间，形成稳固、诚信的合作关系，共同为社会和消费者创造价值；只有多赢，生意才能做长久，如果不懂得保护他人利益，最后必然连自己的利益也失去。"
>
> ——董明珠

成熟的营销人绝不会只顾自己的利益，他们无一例外都在追求共赢，与客户打造坚固的共存模式。周密的市场观察和长远的发展眼光，培养出他们"快、准、狠"的判断力和敏锐的嗅觉，迅速发现并抓紧机遇，时时刻刻准备自我超越。

业绩偏颇引注目，伯乐慧眼巧识珠

1

38岁的董明珠如同一个销售传奇，销售业绩直线上升，直接蹿上了格力电器之首。她的名字、销售量在传遍了格力电器时，46岁的朱江洪也正处于自己事业发展的高峰期。

和董明珠不同，朱江洪是个地地道道的珠海人，比董明珠早两年来到格力电器的前身——海利空调厂。生于1945年的他，25岁从华南工学院毕业，先被分配到广西的百色矿山机械厂做技术员，随后又升为百色矿山机械厂的厂长。1988年，朱江洪被调回珠海，在海利空调厂做技术员，1991年他成为海利空调厂的厂长。

朱江洪任海利空调厂厂长的时候，海利空调厂还是个烂摊子，厂子不仅规模小，而且产品质量也一般，销量更是上不去。在他升任厂长的时候发生了一件事，让他下定决心，先解决技术和质量问题。

那年，从海利空调厂出货的一批空调遭到了客户的不断投诉，称空调买回去后使用起来噪声很大，有人甚至还调侃说，用海利空调晚上就像睡在起飞的飞机舱里。

　　这样的调侃和投诉让朱江洪很是难堪，也让他觉得对不起客户，他即刻调查出现问题的原因。经检查发现，原来是在运送一批空调零部件时因为震动使一些铜管发生了变形、折断，受损的零部件装进空调后便出现了一系列问题。

　　如果放在以前，事情发生后肯定只是将有问题的空调退回来，维修后再推向市场，但技术出身的朱江洪并没有这么简单了事，他决定利用这次事情的契机严把质量关，让产品质量产生脱胎换骨的变化。

　　朱江洪带着技术团队解决了产品问题，为了能让人们忘记质量不过关的"海利"，使其以崭新的面貌出现，朱江洪和他的两名助手决定给新产品起个名字，他们翻了一天辞典，起了很多名字，但没有一个让他们满意的。

　　最终，他们看到"gree"（快乐）这个单词时突然灵机一动，觉得不如叫"格力"。"格力"不仅有英文"快乐"的意思，而且还有"格外有力"之意，同时也可以引申为"人格魅力"。

　　这个名字不仅让朱江洪和他的两名助手满意，集团领导也很喜欢，并让下属厂全部打上了这个牌子。后来，原本只属于空调的"格力"品牌也就成了格力集团属下所有产品的名称。

　　"格力"这个品牌的应用非常符合时代的发展潮流，因为随着市场经济的发展，企业间的竞争已经不单单是产品质量、价格、品种、声誉、形象和服务水平的竞争了，企业之间的竞争完全转化为了商标之间、品牌之间的竞争，甚至已经出现了谁创出品牌谁就能称霸市场的局面。

　　当然，有好名字，产品也要有好质量，只有这样，这个名字才能形成一个品牌。当时，因为分体式空调存在噪音大等问题，国内的空调多以窗式为主。朱江洪和技术团队决定先解决这个问题，他们使制冷剂里的氟利昂泄露得到了控制，降低了分体式空调的噪音，使格力空调不仅外形美观、占地小，噪音也很小，让原来只组装窗式空调的格力有了分体式空调。这一做法奠定了格力起飞的基础。

董明珠的销售能在安徽一炮打响，与格力空调在质量上有了脱胎换骨的变化同样分不开。

总之，1992年的格力空调如同一匹黑马闯入市场，不仅因为董明珠优秀的营销策略，而且还有朱江洪对产品质量的把关，两人强强结合，各把一关，才有了格力的腾空而起。

朱董两人合力改变了格力电器的命运，不过，那时候他们只是隔空"合作"，并没有面对面地交流过。

朱江洪真正像大浪淘沙一般淘到董明珠这个"珍珠"，是因为1992年秋天那次赴华东考察。

那时候，格力的销售额在经济一般的安徽达到了1600万元，而在与安徽相邻的富裕省份江苏却只销售了300多万元。两个省份的巨大差异引起了公司领导的注意，促使朱江洪有了华东之行。

1992年秋天，朱江洪的华东之行首站就是安徽。

当时，销售最好的铜陵经销商在得知格力老总要来安徽考察后，热情地派车供朱江洪考察使用。作为格力空调在安徽的驻地销售员，董明珠自然尽起了地主之谊，带着朱江洪在安徽各地跑，了解情况。

一路上，董明珠和朱江洪听到的都是对格力空调的溢美之词，当然，更多的是夸奖董明珠。其中，铜陵的一个经销商说，他虽然没有去过格力在珠海的总厂，但他为什么会选择销售格力空调，就是因为格力的业务员好，他想格力的业务员都这么负责、这么有水平，那么总公司的管理一定不会差，所以他相信格力这个品牌。

"我相信，格力空调在不久的将来，一定会成为中国知名品牌的！"经销商最后激动地说。赚得盆满钵满的他，对董明珠、朱江洪甚至格力都充满了感激之情。

在安庆，朱江洪同样听到了对董明珠的赞美："你们格力的业务员水平很高，做事不怕辛苦，帮了我们很多忙。格力一定会越来越好的，谢谢朱总培养了这么能干的业务员，还让我们幸运地碰上了。"

那位合肥的汽贸公司老总对朱江洪更是朝董明珠竖大拇指。"做生意这么多年，我相信我的直觉、我的眼光。董明珠帮我分析市场，教我们如何销售，太有用了，全用上了！让我们一下子多赚了几十万元！真不错！"汽贸公司的老总不停地啧啧称赞。

朱江洪听到那么多经销商夸董明珠，心想：这应该就是安徽做得好的原因！

2

朱江洪的安徽之行让他意识到，作为一个经济不是很发达的省，在空调尚未进入千家万户时，安徽的空调市场就已经颇具潜力，这种良好局面的形成完全是因为董明珠。这个身材娇弱的女子浑身上下都散发着无穷的能量。

"太不容易了！小董！我代表格力的全体员工感谢你！安徽的成功经验一定要向全国推广！"朱江洪说得很真诚。

董明珠鼻子一酸，非常感动，能被格力的老总认可，她之前所有的辛苦都值了。

在朱江洪从董明珠身上看到一股无形能量的同时，陪同朱江洪考察的董明珠也被朱江洪的一言一行感动了。这位貌不惊人、性格温和的企业老总在考察市场的时候丝毫没有老总的架子，他认真而不惧怕辛苦，尽量去每家经销商那里了解情况，他对格力有着超乎寻常的感情，这种感情董明珠能感觉得到，就像她对儿子东东的感情一样。

也就是说，朱江洪是将格力当成自己的孩子来爱的，为了格力他付出了很多，有这样的老总，自己作为下属又有什么理由不努力呢？作为格力的一员，自己是否也应该将格力当成自己的孩子加倍来爱、来付出呢？

董明珠和朱江洪两个人不约而同地因为格力空调这个产品，有了一个默契的共同目标：将格力做成全国一流知名品牌。

朱江洪在考察中通过了解以及和董明珠的接触，认识到她是一个难得的人才，知道她和很多业务员不一样，她不是只考虑自己的利益、只拨自己的小算盘，她有很强大的责任感，是个非常有想法、有思想觉悟的销售员。

这样的销售员，格力需要，朱江洪更需要。

考察完安徽市场后，朱江洪准备去南京，他邀请董明珠随行，第一，他知道董明珠是南京人，可以做向导；第二，他想了解董明珠的更多想法。

在从合肥去南京的路上，董明珠再次让朱江洪吃惊了。朱江洪发现，董明珠不仅能做业务，而且非常善于总结。

"通过这几年做营销，我觉得真正好的营销政策不仅仅是把货卖出去、把钱赚回来，更重要的是要在厂家和商家之间，形成稳固、诚信的合作关系，共同为社会和消费者创造价值；只有实现多赢，生意才能做长久，如果不懂得保护他人利益，最后必然连自己的利益也失去。"董明珠的这些话完完全全地说在了朱江洪的心坎上，甚至可以说，董明珠将朱江洪心里想到却没有说出的话全部说了出来。

朱江洪是有"野心"的，他有雄心壮志，想要成就一番事业，不过，擅长技术、能够把质量关的他却无法把控销售，而对一个产品来说最重要的就是销售。这一点，他非常明白。

营销是朱江洪的短板，而初涉营销的董明珠不仅业绩好，而且有如此长远的想法，怎么能不受到朱江洪的青睐？自此他认定，董明珠是个人才，是个不可多得的人才！

两个人一路上都在交流，不过大部分都是董明珠在说，朱江洪在听。

终于到了南京。南京，董明珠的老家，这个繁华的城市原本是华东地区最大的空调销售地，这里每年夏天的伏天长达40多天，烈日炎炎的城市在夜里都没有一丝风，因此，南京成了空调商家的必争之地。

可格力空调在这里却没有任何知名度。南京有十多家大商场在卖空调，除了这些大商场外，一些家电专营店、医疗器械店也在卖。

不过，当董明珠和朱江洪去这些地方问起格力空调时，那些人说法不同，但都是同一种意思："什么？格力？还有这个牌子的空调？没听说过！"他们一连走访了几家，反应都是如此。

这么大的南京竟然见不到销售格力空调的店面，让朱江洪和董明珠感到非常诧异。终于他们找到了一家，当他们见到那里的经理，董明珠热情地将朱江洪介绍给经理时，经理却坐在那里连屁股都没抬一下，既没有让座，也没有让人给他们倒茶，只是不屑地说："你们那空调，卖不动！"

朱江洪和董明珠对视一眼，朱江洪和颜悦色地问："请问为什么卖不动？能说说原因吗？"

"原因？"经理苦笑一下，"原因多了去了，质量还算不错，可你们没有服务呀，唉！把货一给我们业务员就消失了，找都找不到，更别说提供什么服务了。我们有时候想要调货、配货都找不到人，你们说，能卖得好吗？"

朱江洪和董明珠一起向那位经理道歉，说都是格力的业务员没有把工作做到位。

其实，在朱江洪和董明珠去见经理时，已经看到这家公司的展台上放着一台"海利"了。他们当时很奇怪，因为"格力"这个品牌早上市了，安徽的"海利"早都卖完了，没想到在南京竟然还能看到海利空调。

南京之所以看不见"格力"，不怪市场，只怪南京的业务员没有将"格力"这个品牌形象带入南京。这也就不难解释为什么格力在安徽能卖1600多万元，而江苏只能卖300多万元了。

3

在空调销售的"良田"南京，格力空调的市场没有打开，由此可知江苏整个市场的情况了。

在如此逼仄的市场环境下江苏做了300多万元，这个数目同相邻的安徽销售额是不能同日而语的，但在这个根本没有打开正规销售渠道的地方，能做到300多万元也实属不易。

这么有潜力的市场被这么白白浪费，只打游击战、麻雀战真是太可惜了。这是董明珠和朱江洪当时的共同想法。

不过，也许正因为这是个有潜力的市场，才成了华宝、春兰等空调品牌的必争之地，没多大名气的新品牌格力一开始就处在了一个弱势位置，再加上没有强势的业务员，怎么可能打得开市场？

两个人怀着说不出的失落心情走出了那家商场，他们好久都没有说话。又走了一段路后，朱江洪才打破了沉默："太不可思议了，只是跨了一个省，我怎么觉得像是到了两个国家？"

在朱江洪面前一直滔滔不绝的董明珠此刻却没有说话，她的表情很严肃，只是轻轻叹了口气。

朱江洪看了看董明珠，若有所思地说："看来，一个地方的销售好坏，市场不是关键，人，才是关键！"

董明珠依旧没说话，但却点了点头。她和朱江洪有着相同的感受。在安徽的时候，经销商们一听格力老总来了，非常热情，而且充满了感激。但在南京，经销商们简直冷淡至极。不要说感激，简直是充满了不满和怨气。

"出现这种情况，不能怪经销商，他们根本不了解格力，他们没有在格力上取得什么利益，怎么可能对我们有好脸色？"董明珠说。

"想到一起去了！"朱江洪赞许地点了点头说。

两个人接着又去了宁沪线上的几个城市，他们见了商场就进，进去后就往电器销售区域钻，再看有没有格力空调，如果有，就问营业员销售情况；如果没有，就问有没有兴趣销售格力空调。

结果让他们非常失望，只有很少几家商场有格力空调，而且是摆放在很不显眼的地方。那些格力空调如同一个个不受人待见的孩子，孤独地待在角落里。

每当看到这种情况，董明珠心里就很难受，她不仅为格力空调难受，也为朱江洪难受，因为有谁愿意看到自己的"孩子"不被人重视、不被人喜欢呢？

终于，他们考察完了江苏市场，这个过程是难熬的，也是漫长的。

在从安徽去江苏的路上，董明珠和朱江洪是开心的，他们聊了一路；但从江苏到上海机场的路上董明珠却一句话都不想说，即使想说，看到朱江洪脸色凝重地坐在那里，眉头紧皱，她也不想去打扰。直觉告诉她，朱江洪一定在心里做着一个重大决策。

在朱江洪沉思的时候，董明珠也在想着一些事，朱江洪的做事风格，董明珠非常欣赏；朱江洪对她的信任和关心，也在这次安徽和江苏之行上表露无遗，这都让董明珠感激，她甚至觉得，她愿意为这位领导排忧解难。

送走了朱江洪，董明珠继续在安徽做着她的工作，整日忙来忙去。

一个月后，她回珠海总部报账的时候，朱江洪让她去自己的办公室。

在她向朱江洪的办公室走的时候，隐隐感觉到有什么事要发生。

果然，朱江洪一见她便说："小董，江苏市场你也接过来，行吗？"

董明珠并不吃惊，所以想都没想，重重地点了点头说："我一定不辜负朱总的期望！"

"我相信！"朱江洪说。

董明珠当然没有辜负朱江洪的信任。当她最后成功了，回顾往事的时候，她想，一个人在成功路上不管走多远，都能找到一个能让她义无反顾地往前走的理由，而且多数时候是因为一个人起了关键作用。

那么，董明珠成功之路上的这个人是谁呢？无疑就是朱江洪。

接手江苏市场，格力空调创良机

1

朱江洪之所以将江苏市场也交给董明珠，就是想让她像打开安徽市场一样，将江苏市场这块空调销售"良田"开发出来。江苏是个非常有潜力的市场，而能将其潜力挖掘出来的不二人选就是董明珠，也只有董明珠！他相信自己的判断！

董明珠对打开江苏市场特别是南京市场非常有信心，这个信心并非来自于南京是自己的家乡，而是因为其他品牌的空调在南京销售不错，既然其他品牌销售不错，就说明这个地方的客户需求是有的，只是看怎么开发了。不过同时她也意识到，江苏市场的开拓比起安徽市场难得多、复杂得多，因为两地的空调销售背景完全不一样。

为什么这么说呢？董明珠在安徽开拓市场的时候，安徽的整个空调市场都没有打开，可以说是一片荒芜之地，但江苏市场却不是这样的，江苏的空调市场已经很成熟了，特别是南京。虽然在南京知道格力的人很少，但华宝、春兰已经被广大市民所熟知。

华宝和春兰这两大品牌在江苏平分秋色，南京空调市场又好像格外青睬春兰。之所以这样，可能是因为春兰来自于江苏泰州，江苏人喜欢支持本地品牌。同时，春兰的前身是做冷冻设备的，所以他们做空调会给人一种感觉，制冷效果一定不会差。

在江苏的空调市场，能跟春兰一较高下的就是广东顺德的华宝了，这是一家在1988年就制造出全国第一台分体式空调的厂家。当然，除了这两家知名国产品牌之外，还有很多外国空调，比如日本的三菱、松下、日立、夏普；美国的飞歌、飞仕达、雷神。

这些赫赫有名的国际品牌同样是格力想要挤进江苏市场的障碍。开拓江苏市场对董明珠来说并不比她开拓安徽市场轻松，这又是一个很大的挑战。复杂的市场环境下，格力这个不知名的品牌如何在此地生存、发展？这是一个问题。

格力和这些"对手"竞争，如何才能脱颖而出呢？董明珠想了很久，觉得只能从服务上下手。同时，她相信，格力是有优势的，而格力的优势就是她信心的来源。

格力的优势在哪儿？

虽然格力在江苏空调市场的起步有些晚，但却来得正是时候，因为1992年年底正是江苏空调市场全面启动的时候。

空调进入中国家庭是从1985年开始的，不过那时只有很少一部分家庭拥有空调，随着时间的推移，中国的空调入户率以每年10%的速度增长。1990年年底，全国空调产量约60万台，家庭拥有量占总量的2%；截至1991年年底，我国家庭拥有空调已经超过62万台了。

更令空调市场欣慰的是，之前有电力制约空调业发展的外部因素，而在1992年，随着我国电力事业的发展，制约因素慢慢减弱。当然，更重要的是，人们生活水平在不断提高，一些大中城市尤为明显。

按当时的消费水平，年人均收入达到2000元以上的家庭就有条件成为空调潜在用户，所以越来越多的普通家庭进入到了空调用户群中。

相比全国，江苏又是经济比较富裕的省份，特别是夏天的江苏气温普遍很高，所以空调市场的前景明显会比其他地方好。再则，相比其他品牌的价格，格力更容易被普通家庭接受。

这一切，都给了董明珠信心和底气。

和在安徽做市场先从淮南"撕开一道口子"一样，董明珠将打开江苏市场的首选地选在了自己的老家南京，具体位置选在南京最繁华的商业区新街口，她要从这里撕开一道口子，然后一步步地占领南京市场。

缺口从新街口的什么地方下手呢？董明珠的目光看向了人民商场，这是南京最大的商场。在人民商场的家电区逛了一圈后，董明珠发现那里摆放着的空调都是华宝和春兰以及其他几种国际品牌，根本不见格力的影子。

由于有了安徽成功的经验，董明珠毫不犹豫地直接找经理，然后对经理做了一番自我介绍。但当听到"格力"两个字时，那位经理夸张地大叫着，说他从来没听说过这个品牌，还问是不是新牌子。

董明珠没有介意他的夸张表情，而是微笑着，平静地介绍了格力空调，而且特别说到了它的质量和售后服务，为了吸引他，还说起了格力空调在安徽的火暴销售情况。

但没等董明珠说完那位经理便不耐烦了，说每个业务员都是王婆卖瓜，不能光听她说，好不好销试过才知道，还让董明珠发一批货过来。

"太好了，那您先将货款付了，我们就给你们发货！"董明珠高兴地说，她没想到会这么顺利。

经理惊讶地张大了嘴巴。

"让我们付款提货？开玩笑！告诉你吧！我们连代销都要挑产品的，像你们这种听都没听过的牌子，还让我们先付款再提货，哼！可能吗？做梦去吧！"

董明珠继续耐心向他解释，说这是格力的制度，每个企业都有每个企业的制度，在安徽，格力都是这么做的，而且非常成功。

那位经理再次打断了董明珠的话，然后冷笑一声说："看来，你走错地方了！这里不是安徽，是南京！"

2

这是董明珠来南京后的首个挫折，经历过无数次打击的她并没有被击垮，反而激起了她的好斗之心。

"我就不信，我会找不到一家可以合作的商场！等着瞧吧！"董明珠在心里发狠说。

中午的时候，她坐在人民商场附近的面食摊，一边吃着面，一边想着用什么方式来说服南京的经销商，最终，她决定去找一家曾销售过"海利"的商场。

定好了方向后，董明珠便囫囵吞枣地吃完了午餐，向中山陵太平商场走去。中山陵太平商场也是一家大商场。这家商场附近有院校、部队和机关，所以董明珠认定这里的人消费水平一定不会低。

太平商场的经理姓雷，是名女性。这让董明珠看到了希望，她觉得女人跟女人交流起来更容易一些。同时，她吸取了刚刚在人民商场时的教训，在先将自己做了介绍后，又问原来的"海利"业务员有没有什么做得不到位的地方，还说她会尽量改正。

这位雷经理一听这话也就不客气了，直接就说起了海利空调的不好来，先是说质量不好，接着说服务不好，然后说货都上架三个月了业务员才来了一次，用户投诉了，他们想找业务员也找不到。

董明珠任由雷经理发牢骚，她只是认真地听着。等雷经理说完，她便真诚道歉，说都是她们的工作失职造成的，还说以后绝不会出现这种情况，一定会在货源和品种上和商场配合好。

雷经理的脸色有所缓和，但却说现在不需要再进格力空调，因为原来的海利空调还有，卖完再说。

董明珠没有强推格力，她客气地告辞而去。不过，她觉得这家商场还是很有希望合作的，而最终能不能合作成功，在于自己怎么做。董明珠之所以有这个信心，是因为她敏锐地捕捉到了雷经理的语气还有缓和余地，而这正是一名优秀业务员应该具备的能力。

之后，董明珠便将自己的工作重点放在了太平商场，平时除了乘坐公共汽车去跑其他市场外，一有时间她就会去太平商场，不仅和雷经理聊空调市场，而且也和营业员们聊怎么推销空调。

董明珠发现，海利空调摆放的位置不利于销售，便让营业员给海利空调换个位置，但营业员们却一脸的不以为然，说大家喜欢的是华宝和春兰，海利就是再换地方也没有人买。

董明珠自然不会因为这些话而放弃，她和其他营业员一样站在那里，见到客户要买空调，便向他们推销海利，几次下来，营业员们也和她混熟了，见她那么卖力地推销海利便有些感动，再有顾客来时也会主动推销起海利来。

在商场和营业员们一起推销空调让董明珠学会了很多东西，那就是在不同的地方，对待顾客的方式也要不同。为什么？因为走进商场的顾客目的不一样。

董明珠发现，在安徽，进入商场的顾客大多是冲着买东西去的，所以营业员可以直接过去热情介绍，你越热情，顾客越高兴。但在南京进入商场的顾客就不一样了，他们大多是悠哉闲逛的人，通常就是先来看看。这些人进来后你不能立刻迎上去推销，不然就会因为太过热情将顾客吓跑。营业员能做的就是尽量让客人闲逛，不要去打扰他，在客人需要时及时地出现在他们面前，为他们提供需要的服务。所以需要营业员眼观六路，耳听八方。

同时，董明珠还发现，南京的顾客非常挑剔，而且很会保护自己的合法权益，所以遇到客人对产品不满意、需要退货时，一定要热情地接待，尽可能地满足他们的要求，不然很可能会被客户投诉到消费者协会去；而当客户们对你的服务表示不满意时也要虚心接受，然后改变做法，给顾客留下好印象，这样才能让他们成为你的回头客。

了解了这些不同后，董明珠又不断通过电视、报纸掌握空调市场行情，在做临时"营业员"时给顾客推荐做参考。

董明珠的这种做法见了成效，原本几天甚至几周都卖不出一台的海利空调，竟然能每天卖出几台了。雷经理对董明珠就有些刮目相看，终于有一天，雷经理主动提起了格力空调，不过，她提出的要求是按老规矩——代销。

董明珠不愿意失去这个潜在客户，太平商场也是她认定的撕裂江苏销售的口子，不过，她也不能在原则上有半点含糊。于是提出，既然大家互相信任，那就各退半步，付一半款。

雷经理还是不同意，称虽然董明珠给她介绍时说格力空调多么多么好，但它的前身海利在这里的销售并不好，还说她原本对格力是没有信心的，只是因为董明珠的做法打动了她。

董明珠一方面感谢雷经理的信任，一方面又详细地将格力的发货、货物配置、后期服务等说了一遍，还向雷经理保证，自己也是南京人，绝不会做伤害家乡的事，更不会发完货就不见踪影。董明珠的真诚再次打动了雷经理，她的语气有所缓和，又说只是商场流动资金太紧张。

从雷经理的语气和态度中，董明珠觉得如果自己还执意坚持，很可能会失去这个客户，但对于自己的原则她又不愿意违背，于是就提出了一个折中方案："您将支票开好，放在您手里，等货到了再给我！"

董明珠的退让也让想和她合作的雷经理看在了眼里，雷经理知道自己也不能太过坚持，不然也就没办法合作了，便同意了董明珠的方案，这在他们商场算是开了一个先河。

这样的结果对董明珠来说，不仅仅是一单生意做成了，而是开拓江苏市场有了进展，意义之大不言而喻。同时，这个订单的成功也让她更清醒地认识到，同样的事情不同的人去做，会有不同的结果。而造成两种不同结果的根本原因，在于人是怎么做的。

3

空调的销售分淡季和旺季。通常情况下，淡季应该是商场开始大批量进货、铺货的时候，而这个时候又是商场最需要解决库存的时候。如果不解决库存积压，又有新货进来，不仅会造成资金的积压，还会有更多货物积压。因此，很多经销商不得不在淡季清理库存，在旺季拼命进货。

董明珠和太平商场的雷经理签合约时正好是空调销售的淡季，这显然又违背了经销商们原有的"潜规则"——在旺季进货。

对于在旺季进货，董明珠有自己的看法，她觉得对于做生意的人来说是无所谓淡季旺季的，只要用心，不管是淡季还是旺季都能将钱赚了。

为了让雷经理在淡季放心进货，也为了验证自己的观点是正确的，董明珠从签单到发货再到最后的销售，一直都没忘记及时和雷经理沟通、商议。太平商场在那一年进了不止一次货，可想而知格力的销售情况了。

给雷经理的第一批货到太平商场的时候正是深秋时节。货到的时候董明珠的心情格外好，因为这意味着她在江苏初战告捷了，她现在需要做的就是稳固这个阵地，并进一步扩大战果。

董明珠扩大战果的做法是寻找第二个值得合作的伙伴，这个合作伙伴的寻找应该是合适的、长久的、值得信任的。就在此时，她参加了当年的春兰空调订货会，在订货会上她找到了真正打开江苏市场的机会，这再次说明了董明珠有着敏锐的市场嗅觉，以及抓住机会的能力。

董明珠是偶然在太平商场听雷经理说起春兰订货会的，说那场订货会将在扬州召开。她当时就心里一动。因为那个会上会有很多有实力的经销商出现，这会不会给自己带来一些机会？即使没有机会出现，参加那个会也能够知道春兰为什么成功，经销商为什么那么信赖春兰。

就这样，抱着去了解春兰、学习春兰销售的心理，董明珠去了美丽的扬州。

一走进春兰订货会现场，董明珠便被那里的氛围吸引住了，那里汇集着全国最好的经销商。在董明珠眼里，那些陌生的经销商都将是格力空调的潜在经销商。为了能够尽快融入他们之中，每到吃饭的时候她都会找经销商多的地方坐下，听各个地方来的经销商谈天说地。

在经销商的聊天中，她得到了不少商业信息。董明珠听到最多的是对春兰空调质量的称赞以及对春兰后期服务跟不上的不满。说到激动处，一位脾气火暴的经销商还说要将经销商们联合起来，找到春兰空调的总部去，逼着他们让利。

董明珠听到这里的时候不免有些感慨。她觉得，管理实在是太重要了，一环跟不上就很可能让如日中天的厂子倒闭，同时，董明珠也在想，如果格力出现了这种情况，又该怎么应付呢？

就在董明珠一边听经销商聊天，一边想着格力的事的时候，旁边来了一位冷着脸的30多岁女子，女子坐在一边，没有跟任何人说话。看着大家都聊得热火朝天，女子却一个人孤零零的，董明珠心里油然生起怜悯之情，她走过去，坐在女子身边，并主动和她聊起了天，问她是不是第一次参加春兰订货会。

女子见有人主动和她说话，还是和她一样的女性，便也冲董明珠礼貌地笑了笑，点点头。

由于年龄相仿，又都是女人，两个人就聊起了天，先是天南地北地聊，熟识后，女子问董明珠是从什么地方来的，董明珠也没隐瞒自己格力空调业务员的身份。女子一听，觉得她很坦诚，便笑着告诉董明珠，她是江苏五交化的，她们那里也销售空调，不过没有格力，并问格力空调怎么样。

董明珠知道江苏五交化资金雄厚，是江苏省一家很大的公司。

一听自己面前坐着的就是江苏五交化的员工，董明珠非常高兴，瞬间有种"踏破铁鞋无觅处，得来全不费功夫"的感觉。她急忙向这个女子介绍了格力电器的情况，并将格力空调的噪音低于国家规定的标准等优势都一一道来。女子一听有了兴致，让董明珠详细讲讲格力空调厂的情况。

董明珠老老实实地告诉她，格力厂的规模不大，不过发展前景非常好。她还告诉女子，格力正在进行大规模的技术改造，正准备投资3亿元建一个占地10万平方米的新厂，计划每年生产100万台空调。

此时，董明珠平时学习的东西完全派上了用场，她从格力空调的设计、装配、检测说起，一直说到了安徽的市场走势，甚至还将主打海外的格力空调王也要研制出来的事说了。她说格力空调王是一种外观设计为流线型的分体式壁挂机，各项技术指标都达到了国家A级水平，利用微电脑设计，有通风除尘、调节温度、独立除湿、调节风速和自动控制睡眠等多种强大功能。

女子听董明珠说得这么专业，又这么精彩，一时间竟听得入了迷。

董明珠说完后，女子掏出了她的名片，交给董明珠，并说她是五交化公司的业务经理，让董明珠有时间去找她，她会带着董明珠去见他们老总，说不定老总会有兴趣进格力空调。

董明珠当时的兴奋可想而知，能够认识江苏五交化公司的业务经理，这是多大的幸运。这也成了她参加春兰订货会最大的收获。

订货会结束后，按照之前的时间安排，董明珠从扬州直接去了安徽。安徽也是她的业务地，她也需要照顾到。不过，在安徽的几天，她的心却一直在江苏五交化那位女业务经理身上。

处理完安徽的一些事情后，董明珠便迫不及待地去了江苏五交化，没想到那位女业务经理出差了，董明珠失望而归，继续回到安徽工作。不过这次回去后，董明珠隔天就会打电话到江苏五交化，问那位女经理出差回来了没有。终于有一天，接电话的就是那位女经理，女经理听到是董明珠打来的，便热情地邀请她过去。于是，董明珠放下手里的工作，直奔江苏五交化。

4

董明珠是兴冲冲地去了江苏五交化公司的，但当她看到五交化没有零售店，销售的产品全都放在批发部，而批发部又位于公司的后楼处时，有些失望。

女经理见到她，对她非常热情，但那天五交化公司的钱总正好不在，董明珠没能见上面。不过，通过和女经理的交流，董明珠更确定她是想和格力及自己合作了。她想五交化公司是个大公司，资金虽然雄厚，但也许正因为他们的销售点不在空调上，所以才对格力不是那么重视。于是便让她转告钱总，如果有时间，不妨去一趟珠海的格力空调总部，这样既能了解格力的实力、技术水平和产品质量，又能见到格力的老总，有利于以后的长期合作。

董明珠之所以这么想，是希望江苏五交化公司的老总在去了珠海的格力总部后能够改变对空调销售的重视程度。不过，自己毕竟只是一名业务员，女经理和钱总是否会认同自己的提议董明珠不得而知，不过她还是将提前准备的各种关于格力空调厂及格力空调的资料留给了女经理。

从江苏五交化公司离开后，董明珠对钱总去珠海并不抱多少希望，她只是想，自己有时间一定要多去五交化公司，多和他们沟通交流。

不过，让她没有想到的是，五交化公司的钱总竟然在看了董明珠留下的资料后真的去了珠海，去了格力电器总部，见到了朱江洪。

这次见面为江苏五交化公司和格力的合作打下了坚实的基础，朱江洪的为人处事以及在技术上的实力让钱总深深折服，并让钱总意识到格力是一家有潜力、信得过的空调厂。

格力空调确实在朱江洪的"重技术创新，重产品质量"发展理念指导下获得了好口碑，在1992年，格力空调的开箱率达到了百分之百。

取得如此好的成绩全在于朱江洪的一个做法，这个做法曾震惊珠海。那就是格力空调的技术部、质检部、企管办、总装分厂联合向公司实行空调质量承包制，一旦质量不达标，哪个部门出了问题就用总装分厂厂部的一个大铁锤当众将产品砸碎，对责任人重罚，对于达标者则用重奖加以鼓励。

这么有魄力、有责任心的老总，身边又聚集了一批中青年科技人才，业务员的水平又那么得力……钱总没理由不对格力有信心。

钱总回江苏不久，江苏五交化公司便决定承接江苏全省的格力空调总代理，保证年销售额不低于1000万元。不过，钱总在决定做格力空调江苏省总代理时提出了一个条件，那就是销售额如超过1000万元，格力电器要给他们0.5%的奖励。

朱江洪没有答应这个条件，因为他觉得其他省份都没这么做，不能开这个先例。两个人为了给不给0.5%的奖励交涉了很长时间。最后，董明珠亲自打电话给朱江洪，商量此事。

她说格力空调在江苏没有名气，江苏五交化公司将销售额从300万元提到1000万元不容易。所以既然给0.5%的奖励不合规矩，那么大家不妨各退一步，换一种方式奖励：全国各地的广告费用由格力电器来出。

朱江洪同意了董明珠的建议，而董明珠之所以提到广告费由厂里付，是因为她发现，当时全国一下涌现出了好几百家空调厂，这预示着空调大战即将开始，厂里付广告费的话可以更好地宣传格力。

朱江洪当然明白董明珠的想法，不可能不答应。

就这样，董明珠和江苏五交化签了合同。江苏五交化也在签完合同后第一时间打过来了首笔货款200万元，再次在格力电器引起了轰动，因为当时格力一年的总销售额也不过2亿元左右。

董明珠再次成了格力空调最受注目的明星。

和之前所有的签单一样，董明珠没有签了单、收了钱就完事，她需要做的事还有很多，除了要帮助江苏五交化将空调卖出去外，她还要针对五交化成为格力在江苏的总代理向一些经销商做解释。

比如太平商场。由于太平商场是董明珠在和江苏五交化签总代理之前签的合同，所以看到五交化成了省级的大代理商，太平商场的雷经理很不高兴，董明珠便去做她的思想工作，开导她，说格力将货发到五交化后，太平商场可以直接从五交化拿货，五交化的到货品种很齐全，比他们直接从格力总部拿货要好得多，还省了路费。

雷经理一想，虽然隔了一层，但情况确实如此，内心的不快和焦虑也就消失了。

　　然而，董明珠并没有因为签了一个总代理而轻松，因为1993年的空调大战即将到来。在这场大战来临之前，不要说董明珠，就是五交化甚至太平商场也都感到了压力。因为在空调大战还没有来临的时候，他们已经迎来了空调广告的争夺战，各个厂家都在争先恐后地打广告，报纸、电视甚至街头都是空调广告，五花八门的促销活动层出不穷，到处都是让利销售、有奖竞猜……

　　这场广告争夺战延续到1993年的空调销售旺季，作为格力的业务员，董明珠不得不被动地迎接这个广告大战，虽然她的心里对此有着说不出的厌倦。董明珠一直对于这种费力又劳神的"广告大战"不满，因为她觉得空调销售的主要精力不应该放在广告战上面。

　　广告大战是一种不成熟的营销。在有着"空调王国"之称的日本，空调的竞争就不在广告竞争上。董明珠认为，日本之所以会有这样的情况，是因为市场已经成熟，商家的销售额相差不大、利润相近，不存在一窝蜂现象。

　　作为"空调王国"，日本生产空调的知名厂家有很多，他们之间虽然也存在竞争，却只存在于竞争市场、竞争客户，不存在竞争广告。总之，日本的空调市场是一种良性竞争，它们竞争的是产品质量，是如何赢得客户。

5

　　1993年，全国很多大中城市的生活费用比1992年上涨了16%，空调也成了市民们逐步添置的高档消费品。空调市场这块蛋糕正被不断涌现的空调厂及越来越多的经销商做大，空调厂家及商家各显其能，展开了对美味的争抢战。

　　为了夺得先机，很多商家打起了广告战、价格战。面对这一场场的大战，董明珠更多的是隔岸观火、静观其变，她不想让自己的营销策略受到广告战、价格战的影响。

　　董明珠非常反感这种恶性竞争，她觉得厂家和商家为了打倒别人而采取降价销售的做法的结果只能是两败俱伤，她还是觉得良好的口碑才是最终的制胜法宝。

　　不过，这场战争很快就影响到了格力的最大客户——江苏五交化。格力空调到货半个月了，竟然一台都没卖出去。这不禁让沉得住气的董明珠也有些慌了。

　　格力空调厂虽然拿到了货款，没有多大风险，但五交化却是有风险的，如果这次让他们赚不到钱，那么发展江苏市场的计划很可能会泡汤。

　　怎样做才能打破这种僵局？董明珠思索起来。

　　为此，她开始在江苏五交化批发部"上班"，由于五交化和江苏商业厅在一个院里办公，吃饭又在同一个食堂，所以一来二去，董明珠就在吃饭时认识了商业厅的陈厅长。

　　董明珠的脑海里时时刻刻想的就是卖格力空调，所以在看到陈厅长的刹那，她想的就是如果陈厅长能买一台格力空调的话该多好呀，这比什么样的宣传都好。

　　于是，董明珠开始和陈厅长唠嗑，在知道他家里没有空调时，便向他推销格力空调，说格力空调造型新颖、性能超群、制冷效果佳、没有噪音等，陈厅长刚开始的时候也不在意，打个哈哈就过去了，但董明珠却不依不饶，一见到他就游说他，大有他不买一台她就不罢休的架势。

　　可能是被董明珠的执着打动，也可能是被董明珠的诚心及产品说动，总之，陈厅长买了一台6000多元的分体式格力空调。

　　这也是格力在五交化的第一笔生意。

　　果然就像董明珠预料的那样，见陈厅长买了格力，院里的很多职工也都开始买，虽然他们大多买的是窗式，但也不错了，堆在仓库的货开始走动了。

　　由于董明珠经常待在五交化帮助销售格力空调，很多人都开玩笑说她已经是五交化的职工了，还说应该给她发奖金。面对这种说法，董明珠只是笑笑，说自己只是做了格力业务员该做的事，做了一个业务员分内的事。

　　董明珠一边想办法卖格力空调，一边又观察被广告战和价格战打得"七零八落"的空调市场，她发现，由于一场场惨烈的"战争"，空调已经被"打"成了微利，卖空调的收入扣去税款后厂家竟然只能赚几十元钱。

　　冷眼旁观的董明珠意识到，这样打下去，伤筋动骨的是厂家和商家，她庆幸格力空调没有加入。

　　经过了一个多月的广告战、价格战后，酷暑来临了，不用打广告也不用降价，空调就成了抢手货，各种品牌的空调全都卖得脱销了。在当年江苏举办的"1993年名优家用空调系列联赛"中，格力紧跟华宝，获得了第二名的好成绩。

　　这次评比让格力上了电视，也让格力彻底在江苏扬了名，打了一个不花钱而效果却奇佳的广告，江苏人对"格力"这个品牌也开始有了了解。

　　随后，《江苏经济报》在对格力空调的报道中称其为"后来者居上"，对提高格力的知名度和口碑起到了很好的作用。

　　面对这样的成绩，董明珠非常兴奋，她打电话给江苏五交化及格力的其他销售商，向他们表示感谢，而经销商们更高兴，称要感谢她和格力，说因为有了她和格力他们才有了赚钱的机会。

　　"这才是我想要的！双赢！"董明珠想。

　　此后，格力电器的广告词便变成了：格力电器，创造良机。

　　江苏市场再次被打开，这原本是件令人开心的事，但也因为格力销售太好引出了另一件事，这件事情的发生让董明珠意识到，企业要想在市场站稳脚跟，除了产品质量、营销策略好外，内部的管理更重要，一旦内部管理跟不上，就会影响整个市场的运作。

这件事情的发生源于江苏苏宁电器的一个电话，苏宁的负责人在电话里向董明珠抱怨，说自己进的格力空调被卡住了，一直送不来。

董明珠非常吃惊，因为格力在江苏的经销商她都很熟悉，并没有苏宁电器，便问他们是从什么地方进的货，对方说是从格力电器驻南京的第二办事处。格力电器只有一个办事处，还是董明珠自己设的，完全不存在第二办事处之说。

在董明珠把情况告诉打电话的人时，那人却说他不管，还说让董明珠马上给他们发货，如果不发货就是违约。董明珠说江苏五交化是江苏总代理，让他们从那里拿货，那边便问在江苏五交化拿货是什么价，董明珠告知后那边更火了，说他们是骗子。

董明珠听得莫名其妙，便打电话给珠海总部，让他们查一下是怎么回事。但在珠海总部还没查明白的时候，苏宁电器的人已经拿着合约去了珠海的格力总部。

董明珠这才知道，和苏宁电器签合同的是格力苏南地区的业务员，他看到格力在南京打开了局面后便悄悄开了个分店，给部分经销商用先发货、后付款的方式发货，而且还在公司供应价上加了3个百分点。

这次由于苏宁要的货比较多，这个业务员一时拿不出货，苏宁急了，在打听到格力驻南京的业务员电话后打了过来，接电话的正是董明珠，事情就此暴露。

董明珠没想到苏南地区的业务员会这么大胆，拿着企业的产品做无本生意，为个人谋利。这件事情被调查清楚后，虽然是业务员的个人行为、业务员也被公司开除了，但给格力在江苏的信誉带来了很坏的影响。不过也正因为这个苏南业务员的做法，促使格力制定了一套规章制度来约束各驻地业务员。

虽然中间有很多不和谐的插曲出现，但并不影响董明珠在江苏、南京创造的奇迹。1993年，董明珠在南京的销售额达到了3650万元，整个江苏的销售额接近5000万元。也就是说，仅仅一年，董明珠就将江苏的市场打开了，给华东地区开了一个好头。自此，董明珠也有了一个外号：拼命三郎。

不打价格战，"拼命三郎"收大利

1

董明珠犹如有神助，"神奇"地先后打开了格力空调在安徽和江苏的市场。就在全公司都在羡慕她的业绩，嫉妒她能拿到那么多提成的时候，董明珠的一个做法让原本就看不懂她的人更看不懂了。

1994年，董明珠将已经成熟的安徽市场交回了公司，自己专心去做江苏市场。

自己辛辛苦苦培育了市场，躺在床上打打电话就能签单拿提成的事竟然要交给别人，很多人都看不懂，为她可惜，说她傻。将自己铺就的路让给别人走；将自己种的花让给别人摘；将自己赚的钱让给别人用……这不是傻，是什么？

面对各种各样的说法，董明珠不辩解也不解释。因为她知道，说者站的角度和她站的角度不一样。说者只是站在了个人的角度，考虑的是个人利益，所以从他们的角度来看这么做确实很傻。可董明珠不是，她是站在公司的角度做出决定的。对于她来说，那时候已经不是自己赚多少钱的问题了，她考虑的是整个公司的利益。

　　她觉得，不管安徽还是江苏，都是她开拓出来的市场，如果她两边都去抓的话势必会分散精力。相比安徽，江苏的经济环境更好，如果她能把全部精力都放在江苏的话，江苏市场会有更大的潜力可挖，安徽市场相比江苏已经成熟，可挖掘的潜力并不大，所以派其他业务员在维持原有客户的基础上稳中求胜就行了。

　　在董明珠将自己的想法告诉朱江洪时，朱江洪为她的大气和为公司利益牺牲个人利益的精神感动，也为自己没有看错人而开心。

　　安徽市场交出去之后，董明珠拿出了刚刚进入格力的劲头，准备在江苏大干一场。不过，此时的空调市场也正处在供大于求的阶段，越来越多的空调品牌和商家进入江苏市场。要想在空调大战中取得胜利，品牌战必不可少，所以董明珠要想"突出重围"，必须为格力竖品牌更加努力。

　　老天好像是在故意考验董明珠，正当她决定大刀阔斧地在江苏大干一场时，江苏竟然迎来了梅雨季节，连绵的阴雨让原本的空调旺季变得不可预测，也让摩拳擦掌想要分享空调旺季这个"美味蛋糕"的厂家和商家傻了眼。

　　董明珠在阴雨刚刚到来的时候还是很沉得住气的，她觉得"磨刀不误砍柴工"，既然这样，还不如先做销售旺季到来前的准备工作，但同时她每天还是关注着天气预报，希望雨季赶快过去，炎热的夏季快快到来。

　　俗话说"屋漏偏逢连夜雨"，老天又和董明珠开了个玩笑，她没等来炎炎夏日，等到的却是自己受伤住院。

　　董明珠受伤是因为车祸，这个车祸就是她在为即将到来的旺季做准备时遇上的。

　　那时候，因为天公不作美，很多大型商场见厂家争相往自己的商场摆货，便摆起了架子，让他们交"入场费"。董明珠向来不愿意向"不合理规则"低头，也不愿意惯他们的坏毛病，便和总代理商江苏五交化协商，既然是这种形势他们格力就先不进商场，先进一些家电或空调专营店。

五交化的汪总认同董明珠的观点，两个人约好先去徐州找空调专营店铺货。在两个人约定见面的地点，先到的董明珠站在马路边等着汪总，由于正值早上上班高峰，连绵的雨天使路上湿滑，而董明珠一直想着业务方面的事，结果被一辆窜出来的自行车撞倒在地。

腿不知被撞在了什么地方，疼得厉害。看到撞倒了人，骑自行车的小伙子一脸恐慌，要送她去医院。董明珠一想，自己马上就要和汪总去徐州出差了，这种关键时刻怎么能去医院？于是摸了摸生疼的腿，说没事，让撞她的小伙子走了。

小伙子走后，董明珠既为汪总没来着急，又一心想着工作上的事，所以暂时忘记了疼痛。但当等到汪总，坐上车后放松下来的董明珠才感到疼痛难忍，额头上渗出了层层密汗。汪总见她脸色不好，问她是不是不舒服，董明珠强忍着疼痛，摇摇头说没事。

到了徐州的当天晚上，董明珠发现自己的腿肿得老高。她没有在意，以为睡一觉就好了。没想到睡了一觉后醒来不仅没消肿，头也开始痛了起来。虽然心里有些害怕，但为了不影响工作她还是没对别人说。

因为与疼痛相比，销售空调对她来说更重要。强忍着不适办完事后，她和汪总回到了南京。董明珠再一看腿，肿得越来越高了，甚至还出现了头痛发热现象。她这才没再强撑，去了医院。原本以为医生给上点外用药，再开点口服药就行了，没想到医生一检查，说她必须住院。

"真有这么严重？"董明珠大惊。

医生说外伤并不是很严重，但因为她疲劳过度，所以一点点腿伤便引起了她身体其他方面的问题，如果再不住院，会引起更大的病。

"小病不治就成大病了！有了大病，你就是想做什么都做不成了！"医生见董明珠不想住院，便说。

董明珠只得听医生的乖乖住院。不过她想也许住上几天就可以了，没想到这一住就住了一个多月。

在医院住院的时候，董明珠一直处于低烧状态。可即使这样，躺在病床上的她还在为阴雨绵绵而烦恼。

"怎么办呢？再这么下去，炎热的夏季就过去了，那空调还怎么卖？"

董明珠甚至萌生了回珠海总公司的念头，但转念一想，自己现在要是回去了，江苏这边刚刚打开的局面说不定又会关上了。

"不行！不管怎样都要坚持住！"董明珠鼓励自己。

就这样，病床上的她仍然一刻都没有闲着，她向所有来看望她的亲戚、朋友、合作伙伴了解外面的情况。她不仅了解江苏的情况，还了解安徽的情况，这一了解她心里更急了，因为南京连绵的阴雨殃及了整个华南地区，甚至全国的气温都比往年低。

气温的下降将处在焦躁中的空调厂家和商家的"火气"全部聚集起来，处于一触即发的状态，董明珠意识到，慌乱浮躁之下肯定要出事。

"看来，接下来又将是一场恶战呀！"她想。

2

1993年的空调市场形势一片大好，让1994年的市场竞争更加激烈。空调厂家像雨后春笋般地往出冒，全国的空调生产流水线已经达到了150条之多，不算进口空调，年产空调量也已经达到了380万台。如果再把进口空调算上的话，一年差不多有700万台进入市场，可真正的空调市场需求又是多少呢？还不到进入市场的空调量的三分之一。

同时，除了国产空调和进口空调，还有越来越多的合资空调厂冒了出来，让空调市场的竞争越发激烈起来。

　　空调厂家如此，经销空调的商家更是如此，想想看，头一年很多经销商赚了个盆满钵满，第二年能没有空调经销商蜂拥而入吗？不仅新加入进来的空调经销商很多，就是经销商的规模也在逐渐扩大，特别是一些专营空调的经销商崛起，使当年空调经销商之间的竞争进入到了白热化状态。

　　以前，由于空调需求不大所以没有专门的空调经销商，但当空调进入到万千普通家庭后，空调专营经销商也就争先恐后地冒出来了。

　　基于这些原因，1994年的春末夏初，空调厂家和经销商们各显神通，为销售旺季的到来做着准备，虽然天空还下着雨，但随着夏季月份的到来，躺在病床上的董明珠已经感受到了大战爆发前的紧张气氛。

　　大战将至，身为格力驻江苏的业务员却只能躺在病床上，这让董明珠犹如看着别人手拿武器奔向战场，自己却只能在后方干着急一样难受。她开始怀疑自己能否带领江苏团队完成今年的目标任务。

　　不过，和无数次遇到挫折时一样，董明珠的悲观情绪很快就过去了，她又自信起来，她觉得自己虽然在病床上，但却已经做好了迎接战争的准备。支撑她乐观的重要原因是格力空调本身。

　　分体式空调慢慢被大众接受并喜欢后，格力又推出了KF-20GW型分体空调王，这款效能高、耗电量少的新型空调在技术上非常超前，属于国际先进水平，这在中国空调史上还属首例，所以那段时期内被媒体炒得火热，很多媒体甚至将格力和华宝、科龙、美的并称为"广东四大空调天王"。

　　除了新型空调王之外，格力还开发出了高效节能窗式、分体式、吊顶式、移动式、落地式和立柜式等十多种空调，其中的窗式空调还获得了六项国家专利，是国产空调中获得国家专利最多的产品，所以通常市场上一提到窗式空调，人们首先想的就是格力。

　　同时，让董明珠安心、放心的还有一点，就是江苏的格力空调总代理是江苏五交化。财力雄厚的江苏五交化有强大的售后服务体系。同时，五交化的汪总对空调销售很重视，经常亲自过问甚至亲自开拓零售市场，这些给了董明珠强大的信心。她只需要将精力放在组织货源、调配品种，开拓二级销售市场上。

当然，五交化之所以能这样重视格力空调的销售，完全是因为1993年他们销售格力时获利丰厚。信心大增的他们决定1994年全力做格力。

格力珠海总部为了配合他们也做好了充分的准备，从格力总部到经销商、业务员，每个流程都严阵以待，准备迎接即将到来的空调销售旺季。

万事俱备，只欠东风！

然而，就像战斗中已经吹响了冲锋的号角却因为一个人或一件事无法"冲锋"一样，江苏的阴雨绵绵遮住了周边的阳光，整个华南地区都阴沉沉的。大家焦急难耐。

董明珠生病的事牵动着和她合作过的经销商们的心，甚至安徽的经销商知道后也专程跑到南京看她。董明珠知道，这些经销商除了真正关心她的病情外还有其他的担心，因为董明珠离开了安徽，天公又不作美，让他们不知道1994年的空调销售是否会像1993年一样好。

为了解除他们的忧虑，董明珠坐在医院的病床上帮他们分析市场行情，告诉他们，新去的安徽驻地业务员能力很强，再阴沉的天也有放晴的时候，请他们放心。

看着络绎不绝来探病的经销商们满脸阴郁而来，满怀希望离开，董明珠很感慨。这些经销商原本和她是陌生人，因为业务上的联系才相识甚至相知，两三年下来他们之间已经产生了息息相关的感情，他们需要她，这让她很欣慰。

江苏的雨还在下着，空调销售旺季貌似看不到希望。就在董明珠和销售商苦恼的时候，又一件令人头疼的事发生了，顺德科龙空调在江苏的销售商沉不住气了，他们率先将南京家电商场的分体式空调降价20%。

这是一款市场和口碑都非常好的空调，这样的空调都在降价，看来1993年那样的空调价格战还会继续。

董明珠无奈又难过。1993年那场割肉让利的销售大战难道他们还没接受教训？她很难理解这些人的所作所为。

很快，董明珠的猜测得到了验证。在科龙空调降价后，其他品牌也坐不住了，纷纷降价招商，同一个品牌，同一个规格，你降100元，他就降150元……

不要说国产空调，就连进口空调也不得不加入到这样的价格战中。在这样的"战争"打响后不久，空调单冷窗机竟然降到了1000元，分体壁挂单冷机也降到了4000元。

商家们打价格战乐坏了消费者。不过，消费者们并没有争先恐后地去抢，而是在观望，他们还希望商家的价格战打得再厉害一点、空调价格再低一点，最好不要钱。

同时，价格战让商家的利润越来越低，后续服务的质量也越来越差。很多工厂、商家的安装队人员不再是有经验、有素质的技术工，而是一些完全不懂安装的农民工，稍稍培训一下便让他们去安装。这就导致很多消费者买了低价空调后在使用时发现空调质量很差。其实，这大多不是空调的质量有问题，而是价格战让商家们忽略了售后服务，外行空调安装队们胡乱应付导致安装不到位造成空调使用性能差。

如此看来，降价看似增加了销售量，但利润低，厂家产品的声誉也受到了影响，对厂家和商家及消费者的长期危害不可估量。

董明珠将这一切看在眼里，甚至可以说在这些还没出现这些问题时她已经预计到了。"我们绝不打价格战！绝不！即使一台都卖不掉也不能这么做！"董明珠对自己说。

3

1994年的盛夏来临之际，像是在为空调热销预热，江苏空调的价格战打得热火朝天。在空调的价格低到很多家庭都能承受时，居民们出手了，营业员们忙得手忙脚乱，可结果是利润极薄，用经销商的话来说就是"赚了个吃粥钱"。

价格战实际上是一损俱损，厂家、商家、消费者没有一个占得便宜。首先，江苏的零售价与上海、武汉、安徽等地相比平均低5%~15%，对厂家和经销商来说是不利的；同时，因为价格太低，后期服务跟不上，给消费者造成了更大的麻烦，因此消费者也都叫苦不已，直说便宜没好货。

养病期间的董明珠看似稳坐钓鱼台，实际上却心如乱麻，承受着前所未有的压力。更令她感到崩溃的是，受江苏降价的影响，珠海总部也开始乱了，很多人从个人利益出发，希望格力也加入到降价潮中，连财务部也希望降价，以便让资金尽快回笼。

"不能降呀！不能降！"听说了这些情况后，躺在病床上的董明珠不断地喃喃着。她一刻不停地给各处打电话，一会儿打到珠海总部，一会儿又打到江苏五交化。给他们打完又给二级、三级经销商打，打通电话后的第一句话就是问销售情况怎么样，得到的答案无一例外，都是："不降价根本卖不出去！降价是大势所趋！"

而更让董明珠有压力的是，很多经销商还不等董明珠打电话过去问什么情况就纷纷打电话给她，有些甚至深夜12点打来，一致要求降价。

更有一些经销商跑到医院，愁容满面地说他们的货走不动，全部压在手里。有些甚至还对董明珠说："你们可好了，打款发货，钱拿去了，没有风险了，风险全让我们承担，我们完了！"

董明珠听着这些话，心里比他们还急。不过她知道自己不能急也不能慌，于是一边了解各方面的情况，一边安抚他们，让他们镇定，还说如果实在不行，货可以退回来。

此时的董明珠，也开始犹豫要不要跟着降价了。

从那时的情况来看，降价不仅能让经销商满意，也能减轻她的压力。因为如果她坚持不降价，格力在江苏的货一定会因此造成仓库积压，这种情况下就要她自己来承担责任。

不过降价后肯定会带来一些后患，难道这个后患要让格力厂来承担吗？

就在董明珠开始犹豫，想着要不要征求朱江洪意见的时候，董明珠接到了朱江洪的电话，说由于江苏的阴雨天气影响到了周边城市，往年到来的火热天气和销售旺季没有到来，到处都积货成堆。

"厂里从上到下都在提议降价，我想听听你的想法！"朱江洪说，声音有些沙哑。董明珠知道，一定是这段时间太累引起的。

朱江洪的电话倒让董明珠冷静了下来，她的心里有着说不出的感激，感激朱江洪对她的信任，朱江洪能从千里之外的珠海打电话给她、征询她的意见，可见对她意见的重视。

因此，董明珠说出的话必须要对得起朱江洪的信任，她不能胡言乱语，不能只顾自己，她的话一定要慎重，一定要以格力厂为重。于是她说："这样吧！给我三天时间好吗？就三天！我要好好想一想。"

董明珠之所以说出给她"三天时间"的话，是为了亲自去了解真实的市场情况。

听了董明珠的话，朱江洪连日来的压力有所缓解，他相信董明珠会给他一个正确的回答，那他这段时间顶住压力、没有随意发出降价通知也就值得了。

和朱江洪通完电话的第二天，董明珠便拖着还没痊愈的腿悄悄溜出了医院，在大雨中穿行。

她要去市场了解一个至关重要的问题：商家降价的目的达到了吗？

尽管董明珠在从医院出来时已经提醒自己一定要客观冷静，但到了各个商场一转，再一看堆积在那里的格力空调，她还是既烦躁又焦急。再一了解率先降价的科龙，说除了刚刚开始降价时有一段时间的抢购热外，很快又冷了下来。她继续了解到，参与到价格大战中的其他品牌情况也一样。

这么说来，即使降了价，空调热销也没持续多久，除了后期服务没跟上伤害了消费者外，最主要的原因是天气不热，很多家庭觉得空调这种季节性的东西只有真正需要的时才有用，所以即使价格再便宜，消费者们觉得用不上也会无动于衷。再加上每个人都抱着侥幸心理，觉得以后还会更便宜。

总之，商家和厂家降价的目的都没有达到。而之所以销售情况差，最主要的还是阴雨天气导致的买空调时机不成熟。

天气变热才是真正的空调销售旺季，与气候有关，与价格无关！这就是董明珠经过了解总结出的结论。

想通问题症结的董明珠第一时间给朱江洪回话：不能降价！之所以没有销售出去，最主要的原因是天气，降不降价不是主要原因！

在董明珠说完这句关键的话后，她突然一阵轻松，好像一切的问题都解决了。

朱江洪没有说她说得对还是错，只是让她继续说下去，董明珠又说，如果单从个人角度来说，降价对她有两个好处，首先大家都降价，即使这个做法是错的，也追究不到她的头上；其次，降了价，她的营销压力就没有了。可是如果这么做，危害的将是整个公司的利益，因为从科龙降价后的情况看，并没有达到他们真正想要的结果。

电话那头的朱江洪沉默了好一会儿才慢慢说，有道理。然后他告诉董明珠："整个公司，所有的业务员，只有你坚持不降价。"

"降价不能解决根本问题。我相信，老天爷一定不会一直阴着，总会放晴的。当天气热起来后，货就能走了。而且我觉得这个时候，我们是否可以让那些老客户帮助我们，将一些货物进行分流，避免货物积压，渡过这个难关呢？"

"货物分流倒是能够解决厂里的货物积压问题，但你想怎么让货物分流？"朱江洪又问。

"把全国的经销商做个汇总，让一些我们信赖、也信赖我们的经销商多进一些货，我相信他们会愿意的！"董明珠说得很肯定。

朱江洪最终同意了董明珠的建议，并顶住众多压力，将货物向全国进行分流。董明珠的建议有些赌的成分，只是这次和她赌的是老天爷。好运再次倾向董明珠，因为最后的结果证明：她赌赢了。

4

漫长的阴雨结束于 6 月 21 日。

这天董明珠还在医院里，当火辣辣的太阳从玻璃窗透进病房时，董明珠激动得坐卧不安，她无法在医院的病床上再躺下去，直接办了出院手续。对她来说，此时不管医生说什么，即使病况再危险，也阻止不了她的离开！

从医院出来后她没有回家，而是去了格力在南京的办事处。

骄阳在此时对董明珠来说就是那火热的希望。抬头看着太阳，她内心里所有的阴云都消失了，那一刻，她觉得太阳是那么美。

开心和快乐需要找人分享，董明珠第一时间打电话给朱江洪，告诉他，南京很热，长江一带很可能都会热起来，这条线可以加紧发货了。

"特别是武汉和重庆，这两个火炉城市可以多发些货，我敢保证，一定会热销的。"董明珠兴奋的声音变了调。

朱江洪在电话那头一阵苦笑，他告诉董明珠，他也一直在关注着全国的天气，在得知南京放晴后，他也给武汉和重庆那边的业务员打了电话，问他们需要多少货，可以趁这段时间发过去，可那边却说仓库的货堆得连路都没办法走了，不要。

重庆和武汉本不关董明珠的事，因为她是格力驻江苏的业务员，但从整个企业着想，她还是想提醒一下。于是，她继续说了她的推断，并用肯定的语气告诉朱江洪，武汉和重庆那边积压的货很快就会销售完，一定要再发些货过去，不然到时候就来不及了。

朱江洪是信任董明珠的，同时，他的想法和董明珠也正不谋而合。于是，他没有理会武汉和重庆业务员的"不要"，加紧推进向"九省通衢"发货的工作。

果然，只过了三四天，两个火炉城市便热得让人透不过气来，武汉和重庆的业务员这才慌了手脚，嚷嚷着多给他们发一些货。

在武汉和重庆还没热的时候，南京就迎来了炎热的夏季，从6月21日放晴开始，暴热一直持续到了7月下旬。7月初的时候，南京的气温竟然高达39度，平时的最低气温也都在30度以上。

罕见的高温让住户家里的椅子都成了热的，往水泥地上浇水很快就会被蒸发掉；一到夜晚，南京的广场上全都是铺着凉席乘凉的人；学校里，7月正是大考之时，一到晚上，学生们在宿舍热得没办法睡觉，很多人只好跑到楼道或草坪上去休息；最热时，连大学生的考试都停了，有些学校还提前放了假，让学生们回家避暑；企事业单位更是忙着修改作息时间。

同时，防暑降温用品的需求也越来越大。自然，作为最佳防暑用品的空调也就供不应求了。不用降价，不用宣传，不到一周时间，南京95%以上的商场、商店，窗式空调销售一空，就连中档的壁挂式空调也卖得所剩无几，很多积压空调在短时间里被抢购一空。

负责安装的工人每天忙得团团转，有时甚至要忙到深夜 12 点。

此时，作为格力在江苏的销售员，董明珠也忙得不亦乐乎。电话声不停响起，董明珠知道，这都是经销商打来的电话。有些经销商嫌打电话麻烦，便直接找上门来。当然，这次上门不是抱怨空调卖不出去，而是嚷嚷着问他们要的货什么时候能到。

其实那时董明珠也在为珠海总部什么时候能发来货着急，别说珠海总部，就是本应往江苏发的货也有很多被调去了武汉。

当然，将江苏的货调去武汉，朱江洪是征求了董明珠意见的。知道此事的人都说董明珠太傻了，说谁会不顾忌自己的利益，管其他地方？

面对别人的"指责"，董明珠还是微微一笑。她觉得，此刻的她首先是格力的业务员，然后才是格力驻江苏的业务员，她的一切做法都应以企业的大局为重。

1994 年的夏天令人难忘。在这年的空调销售厂家中获益最大的无疑就是格力。因为在大家都降价销售的时候格力忍住了，那些先期拼命打价格战、以降价来消化库存的厂家到最后货却不够了，只能眼睁睁地看着格力空调热销。

格力既没有降价也没有薄利多销，而是在市场需要的时候充分满足了市场的需要，而且因为没有降价，给经销商的返利也高，销售格力的经销商也大大得利。

总之，1994 年的空调销售战中的最大赢家是格力、格力的经销商、格力的业务员。几方得利，皆大欢喜。

经历了降价大战、销售旺季大战后，董明珠认定了一点，那就是在任何时候分析市场，首先要客观冷静，以大局为重，不能掺杂任何私心杂念。

掺杂的私心杂念太多，必定会影响分析的客观性和准确性，进而给企业带来损失。

经过1994年的这一役，进口空调的优势开始慢慢减弱，国产空调渐渐占据了市场的主导位置。究其原因，是因为国产空调在质量、服务上都开始加强，在安装、调试、维修、保养等方面也做得越来越到位。相反，很多以前打着进口空调旗号的空调有些并非货真价实，即使货真价实，也因为维修点太少而在售后服务上被客户放弃。

1994年的空调战考验了格力，考验了董明珠。经受住了考验的格力之后便以南京为点，向江苏各地辐射，全面打开市场。格力的销售额与春兰、华宝开始不相上下，三家在江苏形成了三足鼎立之势。

江苏市场的彻底打开让董明珠的业绩和知名度噌噌上涨，已经不局限于在格力是"大红人"了，她成了空调行业的一颗璀璨明珠，了解和听说她故事的人都在私底下称她为女强人、拼命三郎。有家日本媒体在报道她的时候，还称她为"中国的阿信"。

回首董明珠在格力的这几年，她从1991年进入格力，当年和老业务员一起将安徽的年销售额做到了300万元，占公司销售总额的八分之一；1992年，自己一个人独立销售800万元，占公司销售总额的八分之一；1993年，一个人独立销售5000万元，占公司销售额的六分之一；1994年的1.6亿元占公司销售额的五分之一……

这些数据说明什么？说明董明珠和格力公司就像孩子一样，一起慢慢变得强壮……四年里，董明珠一步一个脚印地踏实稳步前行，没有一脚踩空，更没有走错一步。

1994年，格力进入中国首届国产名牌空调综合实力20强名录，成为中国首届十大国产名牌企业之一。

董明珠当仁不让地成了格力最有名气也最有能力的金牌销售员。如果问董明珠为何会成为金牌销售员，除了她的努力和坚持外，很大程度来自于她对市场的准确判断。

为什么董明珠会做出与其他厂家不一样的市场判断？是经验吗？当然不是，因为董明珠做销售才不过四年的时间。是运气吗？更不是，运气不会永远眷顾她。那是什么呢？是她敏锐的观察力，是她真诚执着和坚韧，是她"多赢"的思维为她赢得了市场，赢得了人心。

面对无尽的赞誉，董明珠总是谦虚地将其归功于朱江洪对她的信任，她说，如果没有朱江洪的多谋和善断、没有他的谦逊，她一个普通业务员的营销策略是不会被重视和采纳的，也就不可能有她的成功。

董明珠怀着感恩的心对待格力、对待格力的领头羊朱江洪。她说，她要用她的业绩来回报格力、回报朱江洪。

机会来了。就在格力的事业蒸蒸日上的时候，格力内部迎来了一场危机。这场危机再次让董明珠成了"灭火队员"，让她成为朱江洪面对危机时首先亮出的一张王牌。

销售骨干得器重，临危受命做部长

1

"质量和产品创新我来，销售和市场开拓你来！"这是朱江洪对董明珠说过的话。

那几年里，朱江洪是辛苦的，也是开心的。为了提高格力电器的质量，他将自己放在了技术员的位置，没日没夜地辛苦着。因为有了董明珠这个金牌销售员，他不用担心销售，只安心攻技术、攻质量，终于取得了成绩，让格力开始跻身中国一线品牌的行列。

朱江洪以为只要保持这种状态，格力就会越来越好，并逐渐成为世界品牌。然而此时格力电器内部却发生了震惊业界的"集体辞职"事件，这个事件的发生对当时的格力甚至电器界来说无异于一场企业内部大地震。

这件事发生在1994年秋冬交替之时。在繁忙的空调销售旺季过后，企业中层在人事上发生了变动，主管销售的副总带着几名业务骨干、财务人员以及一些经销商离开了。格力总经理朱江洪迎来了上任以来最严峻的考验。

为什么在格力的发展势头正猛时会发生这样的事情呢？追溯起来，可以说是从朱江洪缩减销售人员的提成引起的。

朱江洪之所以缩减销售人员的提成，是因为他发现在公司发展的过程中，销售人员的能力参差不齐。同时，销售人员在人事方面的臃肿和拖沓也让他希望通过这种方式筛减一部分人员。

当时，朱江洪将业务员的提成下降到了0.28%~0.38%，他觉得，随着格力成为一线品牌，销售比以前容易了很多，销售员也轻松了很多。虽然看似提成率有所降低，但销售量上去了，销售人员最终所得的提成也比以前有很大改观，优秀的销售人员是不会有意见的。

他没有想到，人是不知足的。销售人员和他的想法完全不同，他们认为，格力之所以能跻身一线品牌，销售额和利润逐年提升，都是他们的功劳。公司应该提高他们的待遇，而不是降低提成。

当然，此时他们虽然有意见，但也只是在私底下议论，并没有想离开格力。

就在那时，广东中山兴起了一家空调厂，这家新建的空调厂四处高薪挖销售人员。这几年格力空调如同一匹黑马，自然成了他们重点的挖人对象。

格力销售员提成率的下降给了这家空调厂机会，他们先辗转找到格力分管销售的副总，告诉他，如果他到他们厂里去的话，不仅职位比在格力高，而且薪酬是格力的10倍。如此大的诱惑怎么能不令人动心呢？

"销售额超过3亿元就有3%的提成，外加2%的广告费。您能带着您的业务员过来，他们的提成也会比在格力时翻倍！"那边继续利诱。

这位副总彻底心动了。之前他还在犹豫，担心过去后手下的业务员不得力，自己这个销售总经理也不好当，不可能做到几亿元的销售额；可当知道新空调厂给业务员的提成比在格力高很多时，他就有信心带着一些老部下一起过去了。

于是，这位副总找了几位在格力销售业绩不错的业务员谈心，几名业务员原本就对格力的降低提成不满，见有此机会，哪有不同意的？就这样，在1994年11月17日，也就是"格力空调1995年珠海订货会"上，这名销售副总带着8名销售员、2名财会、340名经销商中的300名离开了珠海，去了中山，参加那家空调厂举办的空调订货会。

朱江洪是在"叛逃者"离开后才知道此事的，自己的销售副总带着自己的员工、经销商去了竞争对手的公司。没有任何思想准备的朱江洪惊呆了，不过，经历过大风大浪的他很快就镇定下来，他没有去刻意挽留这些人。

"天要下雨，娘要嫁人，随他们去吧！"这是朱江洪当时的真实想法，他渴望人才，也希望留住人才，但他更清楚，他能留住的是那些心智上成熟，并能与他互相理解、互相欣赏和支持的人，这些人同时还需要有责任心和使命感，能抵挡得住利益和诱惑。无疑，那些离开的人不是。

面对"叛逃"，朱江洪竭力让自己表现得淡定，但格力电器内部却人心惶惶，从上到下都在议论此事，很多人在听到那边有那么优厚的待遇后也都有些动心了。格力电器的正常运作受到了很大影响。

朱江洪让自己冷静下来，开始思考如何度过危机，他知道，他目前最需要做的就是找一位销售副总。群龙不能无首！

找谁呢？他的脑海里瞬间浮现出了董明珠的形象。

董明珠作为格力的金牌销售员，那家公司自然也不会放过。不过朱江洪了解到，那家公司拿出年薪200万元的优厚条件挖董明珠，但被她拒绝了。

"业绩突出，年年为销售状元；对企业极其忠诚，在集体辞职事件发生时，坚定地站在了企业的一边；具有开拓市场、驾驭事物的能力。"董明珠，当然就是朱江洪和格力当时最需要的人了。

朱江洪有心将董明珠直接提拔为格力销售副总，但他也知道这是不符合人才调动规定的。虽然董明珠是金牌销售员，但她也只是一名销售员，一下子从销售员提拔为副总会有很多人不服。于是，他决定让董明珠做经营部部长，可如果自己直接提出来，很可能还会遭到一些人的反对，怎么办呢？最后朱江洪决定通过投票选举的方式让其他人无话可说。

董明珠在四年里屡创销售奇迹，已经完全征服了格力的销售人员，所以投票选经营部部长的做法没有任何意外，董明珠以全票通过。

不过，即使是通过投票选举，公司高层还是有人表达了不满，他们称，让一个最底层的驻地业务员调回总部做经营部部长欠妥，她虽然有做销售的经验，但未必有带领团队的经验，如果非让她回来，那就让她先做经营部副部长吧。

朱江洪无奈，征询董明珠意见，董明珠毫不在意地说："什么职务都不重要，重要的是怎么做！我愿意！"就这样，董明珠临危受命，结束了近四年的业务员生涯，回到珠海格力电器总部，担任了公司经营部副部长。

朱江洪不知道，他力排众议地重用董明珠竟然就此改变了格力的命运，甚至重新洗牌整个空调电器行业。

2

董明珠调回珠海总部时还只是个经营部的副部长，一个月后她便升任经营部部长。不管是副部长还是部长，董明珠回到珠海总部后便不再是单打独斗，她需要带领她的团队做销售，这个过程中，她卓越的决策能力和领导能力表现得淋漓尽致。

可以说，在格力电器最困难的时候，董明珠接过了经营部副部长、经营部部长的职务，进行了一系列改革。一年后，她带领的团队销售额比之前增长了7倍，达到28亿元。

1996年这一年里，董明珠带领23名营销业务员，与其他同行那些成百上千人组成的营销队伍展开了"决战"，在其他厂家都在打价格战的时候，她坚决不降价。

"我坚信，客户最看重的是质量和服务！"这是董明珠坚持的理念，也是她一直立于不败之地的关键所在。同时，为了激励经销商，在1996年8月31日，她拿出1亿元利润的2%，按销售额比例补贴那些经销商。她的这个决定让格力当年的销售额增长了17%，首次超过春兰。

在格力的几年里，董明珠没有休过一天年假，不过对她来说，休息就是工作，工作就是休息，她喜欢看格力的销售数据产生变化，数据的不停上涨会让她激情澎湃，热情高涨。

因为这些上涨的数据证明格力在成长。她进入格力电器总部时的1994年年底，格力当年的销售额才4亿元左右，到2012年格力已经实现了1000亿元的销售额，在连续8年销量排名全球第一。

1995年至2005年这11年里，格力空调在销量、销售额、市场占有率上均居全国首位。11年的迅猛发展，格力电器业绩斐然，从一个年产不到两万台的毫不知名的空调小厂一跃成为拥有珠海、丹阳、重庆、巴西四大生产基地，员工人数超过25000人、净资产超过20亿元，家用空调的年产能力超过1500万台、商用空调年产值达50亿元的知名跨国企业。11年里，格力累计销售空调4000多万台，销售额700多亿元，纳税超过35亿元。

同时，格力电器在技术、营销、服务和管理等领域也硕果累累，担负起了一个中国企业应该肩负的历史使命和社会责任。

可以毫不夸张地说，格力电器能从一个不起眼的小公司做成人人皆知的名牌产业，得益于董明珠狠抓销售，当然也得益于董明珠被屡次破例提拔、重用。

自1995年到2005年这11年间，董明珠先后担任过经营部副部长、经营部部长、销售经理、公司副总经理、公司总裁。董明珠之所以能被重用，就是因为朱江洪，而朱江洪之所以重用董明珠，是因为他能清醒地认识到，格力电器是国有控股企业，关系网和利益网盘根错节，管理制度不到位等体制弊端日益显现，随时可能将大家数年来辛辛苦苦打拼出来的美好局面丧失殆尽。同时，朱江洪也知道自己的软肋：过于宽厚仁慈。

朱江洪是个不容易抹下面子的人，作为格力的总经理，他对抓钱和管人都不感兴趣，他真正感兴趣的是抓格力的质量，抓新产品的开发。

既能看清自己优势也能看到自己缺点的朱江洪，将销售和扭转管理积弊的重任寄托在了既能干又能"狠得下心"的董明珠身上。

朱江洪的这种做法是明智的，也是有大智慧和眼光的。因为正是他用董明珠的这个决定，改变了格力电器的命运。

若干年后，朱江洪每每想起自己在1994年时不顾其他高层反对，执意调回董明珠时，心里还是会暗叫一声："幸好董明珠不介意做经营副部长。"

当初，公司高层阻止董明珠当部长，只同意她做副部长，也是有原因的。首先，他们接受朱江洪将董明珠调回来，是因为他们也意识到了"销售副总带员工集体辞职"造成的恶劣影响，为了稳定军心，也为了让格力的销售不至于在销售副总及几名骨干离开后崩溃，董明珠是最佳的选择。

不过他们也不想给董明珠更高的职位。首先是因为董明珠的讲原则和反"原有规则"让他们感到了不方便；其次，董明珠是通过投票选出来的，他们无法完全阻止，于是他们提出让董明珠当副部长。虽然副部长和部长只有一字之差，但副部长的薪酬却不如董明珠做业务员时的销售提成高。

"给她这样的职位，不上也不下，她受不了，很快就会离开。"他们想。

不过，让他们没有想到的是，董明珠不仅没有嫌弃这个副部长的职位，也没有在意这个职位比她做驻地销售员时薪酬少了很多，反而做得很开心。为了做好这个吃力不讨好的"小官"，她玩命地工作着，每天只睡5个小时，做梦说梦话也全是关于格力的事。

那段时间，董明珠心里每天都紧绷着一根弦，睡觉时枕头边也放着本子，一有好想法、好点子就要爬起来记在本子上。有时候不管多晚，她都会给同事和朱江洪打电话讨论工作。

即使夜里做梦，梦到了什么好主意，醒来后她也会把它记下来，最终把梦中的东西实现。

董明珠有写东西的习惯，但因为白天太忙，需要处理的事情太多，所以她便将思考和写东西的时间放在了晚上。夜深人静的时候是她思考问题的时候，她那些经营制度的建立、人事架构的调整、市场营销的方案以及后来经实践证明成功的很多营销绝招、管理策略，都是在这种情况下诞生的。

3

董明珠对自己要求一向严格，在做了管理后，她对手下员工的要求同样严格。以前，因为经营部是做业务的，所以上班迟到早退是常事，销售员即使在公司里也是喝茶聊天吃零食，吊儿郎当似乎已经成了这个部门的工作常态。

董明珠看到这种情况时大感意外，她无法理解混乱的工作状态会有好的工作效率。她觉得做业务的反而应该更有"规矩"，思想和行为都不能太过松散。因此，她做经营部副部长后烧的第一把火就是纠正业务员们的一些坏习惯，制定一些规章制度，其中有一条就是上班时间严禁吃东西，违者罚款100元。

20世纪90年代初的100元并不是小数，所以制度一出就引起了很多人的议论和不满，称比对行政人员的要求还严格。

"没有规矩不成方圆！"这是董明珠告诉他们的。

不过，董明珠的业绩让业务员们对她很崇拜，所以虽然刚开始的时候他们不是很适应，但慢慢地上班迟到、下班早退的现象就没有了，可上班时偷吃东西的情况偶有发生。

有一次，在离下班还有不到一分钟的时候，有人拿出了买来的零食分给同事们吃，还没往嘴里塞，董明珠进来了。"每人罚款100元！"她厉声道。

业务员们惊呆了，但同时又高兴起来，因为董明珠话音刚落，下班铃声就响了。

"下班了！我们是下班吃的！"分给人零食的那位业务员大声说。

"可是刚刚你们分零食的时候并没有下班，是上班时间！"董明珠把脸板得平平的。

"可是……"

"没有什么可是。"董明珠打断了她的话，"制度定下来是干什么的？就是为了执行，没人执行的制度有什么用？每人罚款100元，明天一早交上来，谁都不能免！"

董明珠说完，转身回到了办公室，只留下瞠目结舌、沮丧难过的员工。

管理太严难免会得罪人。不过，因为管理严，经营部的精神面貌有了翻天覆地的变化，业绩也上去了，这让员工们既佩服她，又怕她。

1994年年底，董明珠摔断了肋骨住进了医院，同事们一起去医院看她，这让董明珠非常感动，她感谢员工们对她的理解。那天，她不再是严厉的

"领导"，而是和大家一样，是叽叽喳喳的同事，他们聊各种话题，开各种玩笑，员工们觉得原来董明珠也是那么有亲和力的。不过，出院后一回公司，遇到员工们违反纪律，她又恢复了她的严厉和"无情"，照常批评并毫不留情地罚款。

虽然只是小小的芝麻官，但董明珠除了管人，还要"越权"管账。

一个单位的管理是不是正规首先要看账目，这是董明珠的习惯。这正如她刚去安徽做的第一件事就是查账一样，账目清，管理才会明。

不过，当她看到那些账目时顿时惊呆了。账册上的应收款达5000多万元，这些应收款里很多账目不清，根本不可能收回来。比如济南的一家企业欠账达到了100多万元，更要命的是，欠账的有效凭证全都没有了，令她不能理解的是，到底谁造成了这笔账竟查无证据，没有一个人能说清。

除此之外，她还了解到，一张宣传单的市场价是0.2元，可格力电器支付的价格却是0.88元；公司花450万元在机场租了一个广告牌，广告牌却被扔到了角落，根本无人监管……

董明珠看不下去了，这绝对是不正常的、是有问题的。她觉得此问题如果不解决，经营部甚至整个公司都不可能搞好。于是，她径直跑去找朱江洪，希望经营部的账目交给她来管。

一个刚刚被提拔做了经营部副部长的人怎么能伸手要权，而且还是要财权呢？

朱江洪当然没想到，也没遇到过，所以怔了很久，但当他看到董明珠那双认真而真诚的眼睛时，他点了点头。因为他知道，管理上的问题很多时候都和"钱财"有关。

虽然朱江洪答应了也支持董明珠，却也让一些很早就反对她、想要挤走她的人很生气，他们觉得董明珠太不自量力了，竟然多管闲事去管那些

"烂"账。

原来，这些"烂"账是他们为了中饱私囊造成的。这些人向朱江洪告状，称董明珠野心很大，想要越权篡权……好在朱江洪信任董明珠，并没有听从这些人的谗言。

朱江洪的支持给了董明珠很大鼓励，一个月后，她被升为经营部部长。

做了经营部部长并掌管经营部财务的董明珠开始大刀阔斧地清理欠账、烂账，她全面推行她之前在安徽和江苏制定的"先款后货"的销售政策。经过她的一番努力，欠账收回了一大半。而自她来到经营部后，格力电器也就没再出现过一分钱的应收款。

当然，她的做法在维护了公司利益的同时，也摧毁了一些人的发财梦。所以不断有人给她使绊，甚至还联合起来给她下套，好在"身正不怕影子歪"的董明珠用她的正气、无私、讲原则化解了这些"绊"和"套"。

朱江洪见她管理很有力度，也便不顾反对，连连破格提拔她。

董明珠的讲原则不仅表现在对普通员工，即使对她的伯乐、上级朱江洪，她也讲原则。

一家河北经销商此前曾欠格力200多万元，但仍然要格力给他们发货，董明珠明确告诉那位经销商，必须先付清之前的欠款，再将此次进货的款付了后才能发货。这位经销商仗着他和朱江洪熟，自己还是格力的大经销商，不听董明珠的，直接去找朱江洪，说这次只要给他发货，过段时间他一定将这次连同以前的欠款一起付了。

朱江洪面对熟人求情不好拒绝，便找董明珠谈，董明珠一口回绝，还说谁说情都没用。朱江洪又退一步，说要不让他先将欠款付了，这次的货先发给他。董明珠依然不为所动，依然坚决执行她的"先打款，后发货"原则。

董明珠的做法虽然让朱江洪在当时觉得没面子，但他知道董明珠的做法是对的，便劝那个供销商，说这个制度已经定了，谁也不能违背。

那位经销商见找朱江洪也没用，无奈之下便打过来100万元，说是这次进货的款，现在手头紧周转不开，以前欠的暂时还欠着，过几天再付。

董明珠一声不吭，将100万元直接扣下，称这是还以前的欠款。经销商急着要货，便又打来了50万元，没想到又被董明珠扣了。经销商再次找到朱江洪，诉说自己的艰难，朱江洪再次劝董明珠，董明珠才勉强给他发了25万元的货。

结果不久后那位经销商就因为牵扯一件违法的事情资产被查了，董明珠知道后懊恼不已，后悔没将那25万元的货也扣下。

自此，董明珠更严格坚持她的"不打款，不发货"的原则。甚至还放话出来，以后找谁说情都不行，就是找天王老子都没用。

很多人劝她做人别太固执，固执是会吃亏的，还是要懂得变通，但她却说："原则上的事不能变通，能变通的也就不叫原则了。固执是会吃亏，但吃亏的只是我个人；不坚持原则，吃亏的将是企业和员工。所以我必须固执，不能不固执！"

正是有着董明珠这样坚持原则的决心，才使在电器业全都代销的时候，格力电器却没再出现过欠款发货。而在很多厂家将大经销商奉为"上帝"供着的时候，董明珠却坚持大小经销商一视同仁。

她认为，厂家不仅不能太放纵大经销商，甚至有些方面还应该控制大经销商，保护小经销商的利益。因为不管大小，所有经销商都是平等的。即使对于一个年销售额达到1.5亿元的经销商，董明珠也会考虑到整个经销商体系的公平性，不让他们享受任何特殊待遇。曾经有个大经销商因为提出了特殊要求，被董明珠彻底开除出格力的经销网。

第四章
卓有成效的铁腕管理："水至清亦有鱼"

"我最不能容忍的是，杂草在国企这块肥田里肆意侵占禾苗的空间和养料；我最痛恨缺乏责任感、只考虑个人利益的人和事。"

——董明珠

管理无定式。任何企业的管理风格和企业文化都蕴含着领导者浓厚的个人风格。管理者的内在素质和外在修养会对企业的持久发展产生影响。格力集团的刚性管理、透明的企业氛围、活性的内部竞争和彻底的创新理念，处处彰显着董明珠的个性魅力。

"刮骨疗伤"抓干部，整顿企业风气

1

2001年，董明珠47岁，此时她已经在格力电器工作11年了。人到中年的她坐上了格力电器总裁的位置，攀上了她事业的第一个顶峰。

从1990年做驻地普通销售员，到1994年回到珠海总部做经营部副部长、部长，销售经理、副总经理，一直到2001年做总裁，董明珠的事业经历了好几个跨度，而每跨一步都可以说是隔行的，但董明珠打破了"隔行如隔山"的说法。

在做销售员时，她单打独斗，是金牌销售员；做经营部部长、销售经理时，她带领团队，是优秀的销售领导……那么，她做了格力电器的总裁，做了格力的高管，她是否又会是一个出色的高管人才呢？

答案无疑是肯定的，董明珠带着6000多名意气风发的员工，誓要将格力电器经营得更好。这位一心扑在事业上的女人年轻时每天只睡5个小时，第二天便精神焕发地去工作。

随着职位的升高，人到中年的董明珠睡眠更少了，没日没夜工作的她有了"工作机器"之称。在她成为格力电器总裁的时候，格力电器早已不是默默无闻的小厂了，已经成为拥有20条生产线的国际知名企业。

就在董明珠为格力的发展而欣慰的时候，老天像是又要考验一下她，一场区域销售公司发生的动乱差点毁了她辛辛苦苦建立起来的营销体系——区域性销售公司模式。这是董明珠做高管后创新的一种营销模式，这种销售公司在全国也都建立起来了，已经成熟且取得了很大的成效。

这么引以为傲的销售体系竟然出了问题，而且还是"内部动荡"这种严重问题，董明珠惊讶又愤怒。令她难过的是，发生动荡的地点在她最先做销售并对那里有着不同寻常感情的安徽。

动荡是怎么发生的呢？

原来，格力在安徽淮南建的淮南销售公司有名高管叫梁君，他私下拉拢格力销售公司在淮南的股东，无视格力电器的回款原则给其他经销商发货。他们的违规做法被董明珠知道后，他们不仅不反思、纠正其错误做法，而且还闹"动乱"夺取财务章，教唆不明真相的员工冲击格力的淮南销售公司。

当时情况非常危急，因为经销商的5000多万元货款都在格力淮南销售公司，如果他们将财务章拿走的话，经销商的5000多万元很可能受到损失。

如果站在格力电器的角度来说，这些货款及他们仓库的货物都属于格力淮南销售公司，和格力电器没有关系，可以不管。但董明珠觉得，经销商信任的是格力品牌，因为信任格力品牌才会从淮南销售公司进货，所以作为格力电器的总裁，她有义务保护经销商的利益，同时董明珠也绝不允许经销商的利益受到损失。

于是，她亲自带人去安徽淮南见梁君，因为梁君曾让董明珠很欣赏，是她力排众议，让他坐上了淮南区域销售高管的位置。没想到……一路上，董明珠都在自责，觉得自己看错了人。

到了淮南后，董明珠马上召开股东大会，然而很多股东已经都被梁君收买了，要么借口有事不来开会，要么来了就说梁君是多么不容易，多么为他们这些股东着想。

董明珠意识到，问题已经发生了本质变化，已经不仅仅是销售公司内部出现"内乱"了，格力淮南地区区域销售公司的个别股东和梁君之间已经有利益捆绑关系了，他们为了自己的利益，不惜伤害经销商的利益，危害格力电器的声誉。

怎么办呢？董明珠思前想后，觉得唯一能解决的，就是利用法律，将"动乱带头人"梁君赶出销售公司，收回他的权利。因此，董明珠马上咨询律师，并以安徽淮南地区格力销售公司董事长、法人代表的身份，在淮南一家报纸上刊登了一则《声明》，废除了公司的原有公章、财务章等一系列公司印鉴，终止了公司对梁君的所有授权。

这下轮到梁君傻眼了，他没想到董明珠的动作这么快。而在董明珠快速处理这些事情的时候，员工们也认识到梁君是在利用他们与格力的珠海总部发生矛盾，目的是为了自己的利益，所以纷纷倒戈，不再做梁君的"枪"。

梁君见钱拿不到手，又打起了仓库货物的主意，幸好仓库管理员很尽职尽责，使其没有得逞。

事情好像告了一段落，也没造成更严重后果。不过，董事长免掉自己任命的经理人这一原本纯属企业内部管理上的事却被媒体搬上了报纸，全国皆知，闹得沸沸扬扬，让董明珠很头痛。

全国大小媒体都以"淮地哗变""靠渠道优势起家的格力空调这回在渠道上遇到大麻烦"等耸人听闻的标题来报道此事。很多媒体记者问董明珠她下步棋要怎么走。

董明珠觉得，这件事虽然在格力电器内部来说不算小事，但却也只是企业管理上出了问题，媒体怎么能戴这么大的帽子？

董明珠郁闷也罢，不理解媒体的做法也罢，总之，这件事在经销商中造成了很坏的影响，特别是淮南经销商，他们开始担心他们的债权问题。为了让他们放心，董明珠再次决定，拿出价值3500万元的格力空调安抚经销商。

这件事给了董明珠提醒，她开始像管理格力电器内部的员工一样，管理各地区域性销售公司的经理们，防患于未然。同时，她也开始反思自己的用人。她觉得，格力的领导者不管职位高低，首先必须要有"德"。因为对于格力电器来说，道德非常重要，他们需要一批品德高尚、不谋私利、有事业心、有奉献精神的人；同时，这些领导还要有非常好的思维能力，因为好的思维才可以让企业得到更好的发展。

"我最想拥有的一个本领就是怎么辨别人的好坏。因为人是最复杂、最难看清的动物。"每当想起此事，董明珠都要发此感慨。

之后，珠海总部发生的一系列事情再次让董明珠觉得，对干部进行整顿，是她坐上总裁位置后最迫在眉睫的一件事。

2

俗话说"祸不单行，福无双止"。老天对董明珠的管理能力的考验远未结束。

安徽淮南的区域销售公司内部出现动荡后，董明珠正准备总结经验教训，加强对区域销售公司经理的管理，预防此类事情的发生，珠海总部又出现了一些问题：时不时有员工罢工。董明珠在召开领导干部会议时说起员工罢工的事，领导干部们个个愁眉苦脸，牢骚满腹，说现在的员工太刁蛮了，根本就不服管。"简直都是刁民，活不好好干，净给我们找事，要好好治治才行！"有人说。

董明珠对他们推卸责任的做法非常反感。她说，据她观察，员工都是非常可爱的，之所以会出现罢工，出现不服领导管，是因为领导干部的问题。

"想想看，普通员工有什么权利？所以很多事上员工们都是被动的，打个比喻，干部是风，员工就是草；风向什么方向吹，草就会向哪个方向倒。所以要我说，解决员工'罢工'，'治'员工是标，'治'领导干部才是本！"董明珠严厉地说。开会的领导干部个个垂下了头。

董明珠说干就干，她要从干部的作风开始整顿。不过，"整风运动"开始之前，董明珠还是想先听听一线员工的声音。

在厂区里挂"员工意见箱"，是格力电器很早就有的，不过，这些给总经理的意见箱却都挂在厂长的办公室门口，所以董明珠任总裁一职后从未接到过信件。

董明珠当然不相信员工没有任何意见，她觉得之所以信箱里鲜有投诉信件，是因为信箱挂在厂长的办公室门口，所以才没人敢去投诉，没人敢往意见箱里投信件。因为一旦投了，被厂长看见了很可能会秋后算账。

因此，想听到真正的民意必须给意见箱换个地方。为了方便员工投信，她让人多做了几个意见箱，并将这些意见箱放在既偏僻又能让每个人都能看到的地方，比如厕所、食堂等旁边。

果然，她的这种做法取得了成效，信箱里的信多了起来，最多的时候竟然收到了700多封信，内容全都是投诉某几位领导的。

董明珠看着那些投诉信，震惊了。

她曾说过，她最不能容忍的，就是那些"像杂草一样生活在国企这块肥沃的田地里，侵占禾苗的生存空间和养料的人"。她痛恨那些缺乏责任感，只考虑个人利益的人。董明珠看完那些信后，桌子一拍，决定对格力的内部进行一场"刮骨疗伤"，"刮骨疗伤"首先就是向领导干部开刀。

董明珠先找了那些员工们意见最大的几位领导干部谈心，让他们反省自己的问题。在谈心的过程中，遇到那些意识到问题并愿意改正的领导干部，董明珠会再给他们一次机会；如果遇到那些不仅没有意识到自己的问题，而且在提出问题时还百般狡辩甚至变本加厉，打击报复给自己提意见者的干部，她就毫不犹豫地将他们开除，不管这人的工作能力有多强，职位有多高。

那场在格力内部发起的"整风运动"是从2001年董明珠任格力电器总裁时开始的。很多人说，即使放在十多年后的今天，董明珠的做法仍然值得称道，发人深省。

那次"整风"董明珠觉得非常及时，因为她觉得不管何时何地，每一位领导干部都需要不断地、随时反省自己，她认为，随着企业的不断扩大、时间的不断推移，干部队伍的自我约束力不强将会给企业带来很大隐患。

当时，董明珠在"整风"时的一项决定曾让很多人吃惊，也令很多人排斥，那就是公司里的所有党员在上班时必须佩戴党徽。目的是为了让员工们监督这些党员，她希望这些党员用他们的实际行动真正给员工起到榜样作用。

"我认为党员就应当起到先锋模范作用，他们必须接受大家的监督。同时，我也希望他们用党徽来时刻提醒自己，知道自己是个共产党员，要以身作则，起带头作用。"

这个决定并不只是说说而已，党员不管职位大小都要佩戴党徽，格力电器副总经理望靖东的白色衬衫上就一直别着党徽。

望靖东说，刚刚让他们戴党徽的时候他们觉得很别扭，但慢慢地，戴着戴着就成了习惯，甚至成了随时提醒自己的警钟。

"我上班时间会戴，出去办事时也会戴，有时候下了班也懒得取下来。很多人看到都很吃惊，问我们是不是在搞活动！"望靖东说起这件事时，总会自豪地看看党徽，"戴习惯了，有时候照镜子还觉得很好看，既起到了警钟作用，也是一种佩饰，甚至变成了格力电器的标志。"

望靖东的话毫不夸张，对去过格力电器的人来说，留给他们最深印象的一定不是厂房有多么漂亮，办公室装修得有多么豪华，而是那一个个佩戴着党徽的员工，他们看起来是那么精神又那么团结。

因此，在格力电器，你一定很难从服饰来推断出员工的身份，但你却可以很轻易就知道格力电器有多少党员，党员都是谁。

佩戴党徽原本只是那次"整风运动"的一项措施，后来却成了格力电器的"规矩"，一直延续了下来。

董明珠除了让党员佩戴党徽，随时提醒自己的身份、接受员工的监督外，还把公司的一些骨干拉到部队去做短期军训。"我要让他们感受一下战士们在和平年代是如何保家卫国的！"

刚开始，那些精英骨干对"军训"很不习惯，觉得部队纪律太严了，住宿条件太简陋了，饭菜也太简单了。但不久后，当他们亲眼看见部队的战士们顶着烈日暴雨训练，在简陋的宿舍里睡得香甜又开心时，都被感动了，也被感染了。之后，去部队特别是去一些孤岛上和战士们接触、训练成了格力电器干部们一项不可缺少的活动。

"现在的生活多好呀！我要让他们知道，海岛上的战士们是如何面对孤独的；我要让他们知道，在那种没有任何娱乐的艰苦条件下，他们为什么还要坚守在那里……这些，只有让他们亲眼看到、亲身体会到，他们才会倍加珍惜现在来之不易的幸福，才会懂得信仰的重要以及忠诚是什么。"

　　董明珠的目的很简单，她要杜绝领导干部甚至员工们在优越的环境下养成懒惰思想。她要让大家不忘艰苦创业、甘于奉献，从而练就优秀的干部团队。

　　除了用强硬的制度来约束领导干部外，董明珠还制定了一些"非人性"的制度来约束员工。比如女孩子上班期间不允许留长发，长发的要么剪成短发，要么将长发盘起；不准戴耳环、戒指……格力的营销业务员不允许拿回扣，拿一分钱回扣马上开除等。

　　为了防止员工偷懒，她还设计了调查表，业务员们出去时必须认真填写什么时间、到了什么地方、见了什么人、做了什么事、谁能证明……这些表格董明珠随时都会抽查。

　　在如今人性管理备受企业推崇的时代，董明珠却觉得人性管理只是一种概念，因为管理没有柔性可言。

　　她举了个例子，称前台、营业员他们要站着工作，不能坐着，这是刚性规定，是不能违背的。而所谓的柔性管理只存在于某一员工遇到困难需要帮助，抑或是一个技术员遇到技术问题时领导去关心他、帮助他……这和工作完全是两码事，不能相提并论。"因此，我觉得管理就是刚性的，没有柔性管理之说！"

　　正因为她具有这样的管理理念，所以制定了一系列强硬的管理制度，造就了一批训练有素、人少精干、能以少胜多的销售团队。纠正了团队中极易出现的一盘散沙状，让大家有了团队精神和集体观念。

　　董明珠曾说："有的干部权力太大，利用公家的权力为私人谋利，这在公司中形成了很坏的影响。对于这种事，我的要求特别严格，发现一个杀一个，格杀勿论，绝不手软。"

　　有人会说，在格力权力高度集中、最容易犯错的不就是董明珠本人吗？

　　没错，持这种看法的人很多，甚至格力的很多大股东也有这种担心，因此，为了杜绝这种现象出现，珠海市国资委派国资委副主任周少强过来当总经理，目的就是希望起到分权和制衡的作用。

面对别人的怀疑和担心，董明珠表现得很坦然："权力过大确实容易犯错误，但容易犯错误不代表一定会犯错误。你的头脑要时刻保持清醒，任何时候决策，你都要考虑你背后的股民利益、员工利益，这些东西如果能够随时随地记住，就不会做出错误的决策。"

很多人说，董明珠有很强的道德优越感，甚至可以说是有精神洁癖。因为强势的她根本不需要监督，她有很强的自我约束力，并自信自己不会滥用权力。

为此，她有句很经典的话，那就是："我从来就没有失误过，我从不认错，我永远都是对的。"也许有人会觉得她这话说得太满了，但从她进入格力到现在，每次的重大决策中她确实没出过错；再回顾每个结论或结果，好像全都只是为了证明她决策的正确。

3

和董明珠打过交道的人一定会有这样一种感觉：这个人不好糊弄！抱有如此观点的，除了和她打过交道的人，还有同事。

格力的每位员工对董明珠都怀有一种敬畏之心，这种敬畏之心来自于她对自己和别人的高标准严要求，她能达到这种高标准严要求，别人却未必能达到。

对于这一点董明珠也已经意识到了，所以她说："也许是因为我的原则性太强了，我能做到的，我也希望他们能做到。而我还有个毛病，那就是他们在想什么我往往一看就知道，所以这给了他们压力。"

是的，她的洞察力太强了，强到仅仅只和一个人聊几句就能知道这个人的心里在想什么、目的是什么。所以不管干部还是员工，在去董明珠的办公室前都要做足功课，就是在敲门前也要深吸一口气，先在心里默默彩一下排，但即使这样，当他们站在董明珠面前、看到董明珠注视着他们的时候，有时仍会紧张地说不出话来。

这样的压力也让很多人在董明珠面前不敢撒谎，也不能撒谎。

"我最讨厌撒谎的人，一个人只要撒谎，他就很可能会是一个不忠诚于企业的人。我觉得，在小事上说谎的人，在承担大事的时候也会说谎。我的宗旨就是：你可以不做，但不能对我撒谎。"因而，只要有人对她撒谎，她知道了绝不原谅。

有次董明珠给一个中层干部打电话，问他在什么地方、干什么，那位中层干部称自己正在陪客户。由于当时是早上，通常和客户见面不会那么早，董明珠随即问了一句："你在和什么客户见面？"

听着董明珠那不怒自威的言语，那位中层干部知道自己骗不了董明珠，便说了实话，说自己的父母从老家刚来珠海，他陪父母到处转转。

董明珠当时没说什么，但后来却降了这位中层干部的职。有些人说董明珠这么做不够人性化，还有人说，这位中层干部的父母远道而来，他陪伴父母是一种孝顺，怎么能说降职就降职呢？

董明珠不这么看，她说，她在意的不是他在做什么，而是他撒了谎。如果当时那个中层干部在她问的时候，一开始就告诉她自己在陪父母，她一定不会降他的职，说不定还会给他放假。

这就是董明珠，为了坚持原则，有时候显得过于"无情"。

"我的责任是为那些想做事业、有理想、有追求的人，创造一个好的平台和环境。或者说，最起码能给那些努力工作的人提供一个公平公正的机会。在格力的环境里，我们不容许偷鸡摸狗、弄虚作假的人存在！"这，就是董明珠简单而严格的管理理念。

董明珠讨厌请客吃饭，不管是她做销售员的时候还是做经营部部长甚至做总裁后，她去经销商那里的时候既不请别人吃饭，也不让别人请她吃饭。如果正好在饭点上，要么和对方一起去吃食堂，要么去快餐厅吃快餐，不喝酒，只谈工作。

而只要和经销商吃饭，她的聊天内容非常单纯，只说空调。"我没有其他爱好，我的爱好就是谈我们格力空调，其他的我没有兴趣。"董明珠一说起格力空调来，双眼都在放光。

在充满尔虞我诈、金钱至上，需要在酒桌、娱乐场所才能谈成生意的商海里，董明珠显得是那么另类，她直率而不够圆滑的性格以及从不接受和从不给人送礼的做派，刚开始让她的很多合作伙伴都不自在，甚至会有些隐隐不安。不过和她打交道多了，再说起董明珠时他们就会说："和这种不搞歪门邪道、真诚而节俭的公司老总打交道，我们放心！"

董明珠和朱江洪一样，即使做了高管，出差时也只是一个人，不带助手，因为一个人出差可以节省很多费用。同时，她还明文规定，格力的业务员不能和经销商坐在一起吃饭，如果不得不吃，要实行AA制。

在这样的制度下，格力作为一个拥有4万人、年销售200多亿元的企业，年招待费仅为300万元，很多企业想都不敢想。

格力电器还有个特点，那就是格力的员工通常很少跳槽。在格力，从上到下，如果问员工在格力电器工作了多长时间，他们一定会告诉你：五六年，七八年。除了格力电器的各种待遇让员工不愿意跳槽外，还有一个最重要的原因，就是董明珠不喜欢经常跳槽的员工。

在格力有个不成文的规定，只要是从同行企业出来的，无论多能干，原则上都不留用。原因很简单，董明珠认为，很多跳槽者大多是在原来的企业利益上得不到满足。这种过于看重个人利益的人，格力不能留。同时，对于很多同行从格力来挖人，董明珠抱的态度是："是我的人才走不掉，不是我的人才留不下。随他们去！"

董明珠不介意别人挖她的人，却不喜欢去挖别人的人。她说："企业高管都应该来自内部培养，自己培养的人才对企业有感情，员工也信服。有的企业好不容易挖来一个营销人才，'含在嘴里怕化了，放在手上怕飞了'，即使违规操作，企业也睁只眼闭只眼，那么这一个人就会殃及整个销售网络，甚至毁掉整个销售队伍。"

董明珠表示，一个企业如果是靠挖墙脚这种"拿来主义"壮大的，那么这个企业也是没有希望可言的。"可能你眼前活得好，但是你可能不会活得长。"

在用人上，董明珠非常看重一个人的忠诚度。所以在考核干部时她首先看这个人对企业是不是忠诚，其次是敬不敬业。她认为，缺少忠诚和敬业的人即使有再大的能力，她也不用。

"进了格力大门，他们便是格力人，随便跳槽就是叛徒！所以，我们会尽可能地给大家家的感觉，让他们一进格力大门便不想离开！"

因此，她制定了看似苛刻的规定：研发人员和高级管理人员如果从格力离开，将永远不再被公司重新接纳。同时，仅仅为钱而奋斗的人也是不可用的。"有些人找工作的目的仅仅是为钱，这跟格力文化格格不入，算不上志同道合。所以我们也不会要那样的人。中国有那么多优秀的人才，我相信格力一定会找到适合格力文化的人才的。"

董明珠这些看似违背常理、简单纯粹的管理理念，如今看来是非常有效的。而她卓越的经营理念和管理水平也为她赢得了很多荣誉，似乎证明了她强势管理的可行性。

董明珠的忠诚文化与12字方针

观音要考验三只猴子，在它们中间摆放了一些水果。三只猴子都想去拿，但刚一伸爪便下起了雨，将它们全部淋湿了，它们急忙缩回爪子。等到雨停了，它们又伸出爪子去拿，雨又下了起来，再次将它们全部淋湿。第三次雨停的时候，三只猴子中只有一只猴子伸出了爪子想去拿，但刚刚伸出，就被另外两只猴子阻止了。

之后，即使不下雨，这三只猴子也都只是眼巴巴地看着水果，没有一个去动。不久，又有一只猴子过来了，它看看那些水果，又看看那三只猴子，最后也没有动。

……

董明珠在听了这个故事后，突然受到了启发："这是一种习惯，根深蒂固的习惯会形成一种文化，并被最终继承下来！"

董明珠从这个故事里想到了格力电器。她希望能将一些好的制度形成一种潜移默化的习惯，然后传承下来，进而形成格力的企业文化。可有必要传承下去的制度又是些什么呢？那就是对企业内部的管理。"容易犯错的往往是手上有权的人，而不是工人。"这是董明珠对中高层干部进行强势管理的重要原因之一。

"企业变大后是否能人尽其才？我们的干部能否一直保持清醒的头脑？在职位升到一定高度的时候，有没有可能出现自我膨胀、以权谋私？"

深谋远虑的董明珠想到了这些，所以提出了"公平公正，公开透明，公私分明"的12字方针，她觉得只要每个人都按这个方针来执行，并将其形成一种习惯、作为一种企业文化传承下去，这个企业就会战无不胜。

董明珠是说到做到的人，12字管理方针不久就如同军规一般，成为她的管理哲学之一。在提出这12字的管理方针时，她首先要求从自己做起。

"公平公正"，在这点上，董明珠一直都做得很好，她对大小股东、大小经销商、干部和普通员工一直是一视同仁。她觉得，自己作为公司总裁，只有公平公正地对待每一个人，才不会给喜好巴结奉承的人以生存土壤，才会杜绝出现那些颠倒是非、喜欢打小报告的人，也就能留住真正优秀的人才了。

不仅自己做到公平公正，董明珠也希望大小干部都能做到。因为不公平的政策一定会带来不公正的结果，因此，"公平"是每个领导干部首先要做到的，而有了公平才能做到公正。

比如有一些人很擅长在领导面前表现，背后却没有踏踏实实干工作；还有一些人整天在埋头卖力工作，但因为性格问题无法在领导面前表现。对这两种人，如果领导干部不站在一个抛却私情的立场上，很可能会只提拔那个擅长表现的人，这对那些踏踏实实干工作的人来说就是不公正的。长此以往，这种用人政策对企业的发展将有很大的伤害。而不公平、不公正的环境和人才机制培养出来的人也将是喜欢耍奸弄滑的人。

俗话说"水至清则无鱼"，意思是说，水太清的话，鱼就藏不住身，很容易被逮住。引申到人际交往中的处世之道就是：对人不要太苛刻，太苛刻就不会有朋友。对于这句俗话董明珠并不认同，她觉得："只要给水以充足的阳光和养料，我就能做到'水至清亦有鱼'。"

　　董明珠在面对客户的时候从不玩虚的，一直保持公开透明。对她来说，格力不需要藏着掖着，她不需要忽悠客户，因为格力以质量取胜，是用质量和口碑给自己打广告。

　　在质量上，格力电器确实下了很大的功夫。为了控制零部件质量，他们建立了行业独一无二的筛选分厂。一台空调是由成百上千个零部件组成的，每个零部件的合格与否都将直接决定整台空调的性能，所以格力对于进厂的每一个零配件都要经过重重筛选和检测，连最小的电容都不放过，必须经受严格的测试。

　　其他企业做空调质检的时候会要求对方能大开方便之门，但董明珠没有，她不仅要求质检机构认真检查，而且还告诉他们，只要有一点点问题都给我们打回来。"你们对我们的产品质量越苛刻越好。格力就是要公开透明，保证质量。"这就是董明珠提倡的12字方针里的"公开透明"。

　　因为有着这样的公开透明，才让格力在投入巨资建立模拟环境实验室和噪音实验室的时候，有人说"格力空调什么都好，就有一个缺点是噪音太低，以至于下班的时候我们总是忘记关空调"。这句调侃似的正话反说也成了对格力品质的最高赞誉。

　　12字方针里的最后四个字是"公私分明"，这是董明珠最看重的，或者说是她觉得领导干部最容易犯也是最不能犯的。"我们要求公私分明，因为有的干部权力太大，就会利用公家的权力来为个人谋利，会给公司及社会造成极坏的影响。所以在这个问题上我们必须发现一个查处一个，绝不姑息，绝不手软！"

　　将这12字方针扎根于每个格力员工的心中，形成一种公平公正的公司文化，这就是董明珠想要达到的。董明珠对自己、对领导干部的这些要求让整个公司的员工身上都烙上了这12字方针，这12字方针也成了格力的属性，进而形成了格力风格的管理模式。

除了12字方针，格力电器还有一种文化风靡电器界，这就是董明珠特别倡导的"忠诚"文化。韩剧里面的警察见面打招呼时会互相说"忠诚"，让董明珠很羡慕。她说她希望格力的员工在见面时也能这样打招呼，形成一种独特的格力文化。

无欲则刚，不被乌纱帽左右

"容易犯错误的往往是手上有权力的人，而不是工人。"在董明珠的世界里，一切都要清澈见底，她的目标和风格都很简单。她坚持原则，绝不允许违规事情发生；她崇尚公平，黑白分明，不接受任何一点点"灰色地带"。

格力电器总裁令中赫然写道，"行贿、受贿者一律辞退，情节严重者交由司法机关处理"。言必信、行必果，董明珠这种强硬的作风深深地影响着格力的企业文化。正因如此，竞争对手才会频频用"董明珠走过的地方连草都不长"来揶揄她的强悍。

让一个人屈服很容易，权势、金钱……针对不同的人，可以用不同的方法，只要他（她）有欲望。不过，让一个人从内心里真正佩服并敬重你，纯粹用金钱和权势是无法达到的。以德服人才能令对方心服口服，才能赢得问心无愧，董明珠就是这样一个人。

纵观董明珠的半生，她无疑是幸运的，因为她从一个一名不闻的业务员做到了大名鼎鼎的格力董事长。不过仔细研究她的幸运又会发现，这份幸运与她20多年来的坚持是分不开的。20多年里，董明珠创造了一个又一个奇迹，而更大的奇迹是：她所有的重大决策竟然都是正确的。

　　《左传》有云："人非圣贤，孰能无过。"莫非董明珠是"圣贤"？所以才"无过"？仔细研究不难发现，董明珠之所以能像"圣贤"一样在重大问题上没出过错，究其原因，就是因为她作任何决定的时候都是站在公司的立场上做出来的。对种种决定，不管她头上有没有乌纱帽，乌纱帽戴得有多高、多大，她都能做到客观、公正，绝不损害公司利益。

　　不屈服在别人的乌纱帽下，不被自己头上的乌纱帽左右，董明珠做到了这点，而她之所以能做到，是因为她有着很强的道德责任感，她强调责任、奉献，为了获得公平公正的市场秩序，她甚至敢"和政府叫板"。

　　为了争得政府采购中一个公平的投标环境，董明珠曾经状告广州市财政局，称其破坏了政府形象。很多受到政府采购"潜规则"影响的企业都朝格力电器和董明珠竖起了大拇指，觉得他们多年来不敢说、不敢做的事，格力的董明珠为他们说了、做了，为他们争了气。

　　董明珠既不认同自己是"和政府叫板"这种说法，也不认同其他企业对她的"赞美"，她说她和格力没有和政府叫板，而是和政府站在了一边，她不是为了一口气，而是希望政府的采购环境更公平一些，因为一直以来，格力都是靠自己的产品做上去的，并不是靠关系。

　　"创造一个公平公正的环境也是企业要履行的社会责任。创造一个好的环境不仅仅要靠政府，也要靠所有人。我们每一个人都不怕牺牲自己，不就没问题了吗？"这才是董明珠"和政府叫板"的真正目的。

　　不畏乌纱帽的董明珠曾说："你破坏了一些人的既得利益，他肯定会怨恨你。但你虽然失去了1%的支持，却能得到99%的信任。"

　　聪明的她自然也知道在做这些事的时候很可能会影响到自己头上戴着的乌纱帽，但她不怕。她坐得端、行得正，不为一己私利，无欲则刚，她还怕什么呢？

　　董明珠从一个低层的业务员做到了格力电器的董事长；将几亿元的销

售额做成了千亿元销售额；将只有几千人规模的格力电器小厂带成了几万人规模的上市公司……这一路上，董明珠完全靠自己的努力，一点一点地做着，一点一点地爬着，直至最高点。

在格力电器的工作岗位上，不管她是做业务员还是做销售经理以至最后做董事长，她都没忘记自己是格力电器的员工、领导、执行者。在董明珠的心里，不管自己是普通员工还是领导，都必须有责任感和使命感，职位越高，责任也越大。

"做了格力电器的领导，不管是经营部长、销售经理还是总裁、董事长，我首先想的第一件事就是不被乌纱帽左右，如果你认为我做得太过分了，把我免掉也没什么。但如果让我做，我就一定要坚持原则。"这不是董明珠吹牛，而是她确确实实的心声，她不仅是这么说的，也是这么做的。

董明珠每次被提拔都是在企业最困难的时刻，可以说每次都是"临危受命"，而她接手后首先面临的就是各种改革，特别是制度建设和用人方面的关键改革。

在职位升到高处，做了格力电器的董事长后，董明珠不仅要考虑销售、管理、改革、制度、用人，还要考虑自己的社会责任感。她知道，她不仅要让企业发展，而且还要让企业担负起为国家贡献税负的责任。

头上的乌纱帽让她有了一系列责任，同时，也为了这一系列责任，她又一次次差点丢了乌纱帽。

在董明珠的记忆中，有件事她印象非常深刻，那就是在她当经营部部长的时候，她不仅将总经理带来的一个人降了一级薪水，还降了他的职。

没有几个人敢对自己顶头上司带来的人下手，所以很多人都劝她，说她只是个新上任的部长，怎么能动总经理的人呢？如果动了总经理的人，你以后还怎么在公司里待？即使总经理现在不说什么，以后也会找你麻烦，等等。

董明珠怎么会不知道这个道理？但她坚持认为，此人是仗着有总经理这个后台才经常破坏正常的工作环境和秩序的，她必须对他严肃处理。杀鸡儆猴！不处理这个人，怎么将她定的制度严格执行下去？

原来，董明珠提出的"先付款后发货"制度被那个"总经理的人"擅自进行了改变，董明珠觉得，如果不处理他，未来将会有更多的人破坏规章制度。没有规矩不成方圆！董明珠觉得，自己既然坐在了这个位置上，就要做好一个管理者，她的职责就是给企业带来活力，其他的，她不管也不想管。

20世纪90年代初，降一级工资会损失几十元钱，而且降工资后不知道什么时候才能涨上去，所以大家听闻此事都非常吃惊，被降级的人更是气愤不已，去总经理那告了董明珠的状。总经理叫她过去，问她为什么要这样做，还说这种事最多也就通报一下就行了，为什么要降他工资甚至调离工作岗位？

董明珠回答得认真而不亢不卑，她说："您给我的权力太小了，如果再大点，他这样子我很可能会开除他。"总经理被她这句话惊住了，没等总经理说话，董明珠又说，她之所以这么处置，是因为这并不是一件小事，它涉及公司的规章制度，在自己明确规定无款不能发货时他却明知故犯，这不仅是对公司规章制度的蔑视，更是对公司规章制度的破坏。

当时的总经理就是朱江洪，董明珠的脾气性格他很清楚，所以虽然有些责怪她噎了自己，但心里却还是很佩服她的。最后，正是因为董明珠对此人的处置不留情面，才给企业树立了正气。

那时候董明珠只是当了个芝麻官，很多人在当芝麻官的时候都会小心翼翼，避免自己触了"地雷"，使自己头上刚刚戴上的乌纱帽不保。但董明珠不管，在做一系列改革的时候，她"得罪"的人很多，甚至连一个个有"势力"的人她也敢得罪。那些人不断地去投诉她，给她"穿小鞋"，但她无欲而刚，那些人找不到她的把柄，最后只得作罢。

"我认为一个领导者应该具有一种奉献精神，不能患得患失，只能将自己更多的精力全身心地投入到企业里面，把自己的生命与企业联系在一起。我想这也是企业的生命力所在。"

正是由于董明珠敢于坚持这种"不被乌纱帽左右"的信念，才让企业有了良性、健康的发展，也才有了格力的今天。

在斗争中成长，在斗争中壮大

　　管理大师杜拉克曾说过："这种时代的转变，正好符合女性的特质。"杜拉克认为，在如今这个注意人际交往和沟通的年代，柔性管理似乎正符合这个时代的变化特征。由此，很多人认为，女性掌权的黄金时代已经来临了，柔性管理将会取代刚性管理。也正因为这样，很多没和董明珠打过交道的人都将她的成功看作是对杜拉克说法的证明。

　　不过董明珠却不这么看，她觉得工作中是没有什么柔情可言的。工作就是工作，没有刚性、柔性之分。而所谓的和谐也不是靠柔性、靠亲和力就能解决的。有人问董明珠，什么样的管理方式才能既管理好团队，又不至于强硬、苛刻，咄咄逼人？董明珠回答得很爽快："没有这样的管理方式，所谓的和谐，都是斗争出来的！"

　　董明珠的说法自然又引起了一片哗然。而将她的处事方式和她的话联系起来看，又确实像她说的，她需要的和谐真是斗争出来的。比如在她刚进格力时，为了追讨42万元的欠款，她用了40天的时间和欠款者较量；她和一个又一个的经销商斗争，执着坚持"先打款后发货"的原则；做了经营部部长后，她带着23名销售员打败了一些厂家近千人的销售团队；做了总经理后，她制定规章制度，和一切违反规章制度者斗争到底……

　　这样的事例比比皆是。为了追求真理，她不断和别人"斗争"，和不诚信的经销商"斗"，和公司高层领导"斗"，甚至还和旧有的陈规陋习"斗"。她因为坚持原则，影响了一部分人的个人利益，这些人将她告到了当时的董事长朱江洪那里，威胁说"有她没我"，董明珠则更斩钉截铁："有他没我！"

　　董明珠就是这么一个"眼里揉不进沙子"的人。她的斗争哲学就是：在斗争中成长，在斗争中壮大！她觉得，不管哪个企业，都必须有惩恶扬善的决心，不扬善，善就会越来越少；不惩恶，恶就会越来越多。仅仅靠"三令五申""下不为例"无法解决根本问题，所以在任何事物出现"小恶"时都要及时将其扼杀在萌芽状态之中。

　　董明珠觉得，工作中免不了得罪人，而且只有得罪了人才能见效。因为很多人犯了错却不知道自己错在哪儿，如果怕得罪人，不告诉他，他将永远不知道自己犯错，永远不会改正自己的错；很多人在争权夺利时首先考虑的是自己的利益，所以会伤害别人的利益。如果怕得罪人、不去制止，那将会给别人及企业带来更大的损失和伤害。所以，管理者永远要从企业的利益出发，凡是不利于企业的人和事，就要敢于去得罪，从得罪的过程中得到公平权利。

　　董明珠始终坚持着她的一套斗争哲学，即使是和领导"斗"，她也不眨眼睛。"领导做事，一定要有魄力，有分析能力和决策能力。我在格力已经干了20多年了，我与人斗、与市场斗、与领导斗、与自己斗，我要求苛刻、严厉，总使一些人不舒服、觉得没面子，但我觉得，只要我是为了格力、为了这个企业，不是为我个人，'霸道'一点也是没有关系的。"

　　有人说，董明珠的斗争哲学其实就是揭别人的疮疤，打乱别人的既定规则。"如果揭疮疤是为了除掉疮疤里的烂肉，如果打破的规则是不合理的规则，又有何不可？"对此，董明珠坦然地说。

　　自董明珠进入格力，她便在不断地打破原有的规则，从不付款不发货到"淡季返利""年终返利"，再到建股份制区域销售公司，最后到和连锁销售巨头国美的"大战"……她在进行一个又一个的变革，在将一个又一个既有的规则打乱，然后再重塑自己的规则。

　　董明珠像一个棋手，一个强硬的棋手，和各式各样的人进行着较量。不过，正如别人说，董明珠不仅在和别人"斗"，她也在和自己"斗"。在别人都在为自己脸上贴金的时候，她也会自揭疮疤。

　　这从公司开会上就能看出来。公司每次开会的时候，董明珠都会要求员工们只讲缺点，不讲优点。"正确的事，大家都已经看在眼里了，就不用多说了。需要表扬的也已经表扬过了，重要的是之后该怎么做。"

　　在董明珠看来，一个企业就是要不断地否定昨天的东西，只有推翻了原有的，才可能有创新的东西出来。这种"推翻"，何尝不是一种"自我的斗争"呢？

　　董明珠曾说过一句在别人看来很"狂傲"的话，那就是"我永远都是对的"。之所以这么说，不是她太骄傲，真的觉得自己什么都是对的，这句话是她对自己的要求，是她和自己的"斗争"，她想表达的是：她不允许自己犯错，因为一旦自己犯错，整个企业可能就完了。

　　"我错不起，我不能拿企业的命运来开玩笑！"

　　董明珠对自己的要求是残忍的，所以在她工作和决策一件事时整个身心都是紧绷的，她在决定某件事情前要全盘分析和思考，直到没有任何错的可能。

　　对自己的苛刻要求也让她对企业的所有员工也要求苛刻，因此，"找茬"也成了董明珠"斗争"哲学中重要的一部分，而这种"找茬"又延伸到了企业管理的方方面面。

　　她的这种论调使她常常拿着放大镜看问题。在做经营部部长时，董明珠制定了"上班期间不能聊天，公共场合不能吃东西"的制度，因为她觉得，如果客户来谈生意，看到的都是员工们在上班期间谈笑风生、在公司吃东西，是不可能对这个企业有信心的，更不会将几百万元甚至上千万元的货款交给这家企业。

董明珠在对企业内部进行大刀阔斧的改革时，曾有人劝她说国企是很难改革成功的，很可能会撞得头破血流，但董明珠说，即使100次撞墙头破血流，我董明珠也要撞101次，一定要把这堵墙撞倒。

偶尔，董明珠也会"检讨"自己，觉得自己的原则性太强了。但很快她又意识到自己必须这么做，"管理就是铁的、刚性的，制度是不可随意改变的。"

当然，董明珠能在格力电器实施这么强硬的管理，与朱江洪的宽容和大度是分不开的。董明珠说："如果没有他在我背后的这种支持，我肯定也做不到。因为你想讲原则也不行，没给你讲原则的机会和环境。"

一山容得下二虎，"珠海二珠"联手奋战

董明珠任普通业务员时，那一单单业务、一个个销售奇迹证明了她的销售能力，并让她有了"销售女皇"的称号；董明珠任经营部部长、销售经理时，格力电器销售团队的销售屡创销售奇迹证明了她带领销售团队的能力；董明珠任公司副总经理、总裁时，格力的"乱"得到大治，又证明了她的管理智慧。

在销售上，她尽显才华；在管理上，她展露智慧。在她尽显才华、展露智慧时背后一直有个支撑，这个支撑就是朱江洪。

董明珠成为电器界的销售女皇，与她不断创新营销手段有非常大的关系，而她的不断创新又不能少了产品质量的提升，也就是说，是格力产品质量的提升让董明珠的销售如虎添翼、屡战屡胜，让产品质量提升的是谁？是朱江洪；董明珠从经营部副部长走向格力电器总裁的路上也不能少了那个屡屡顶住压力、屡次破格提拔她的人，这个人是谁？还是朱江洪。

朱江洪和董明珠两人是技术、创新、人才的代表。而当这三方面都拥有时，这个企业就拥有了企业发展的根本。因而可以说，既有管技术和产品质量的朱江洪，也有擅长创新和销售以及强势管理的董明珠，才有了如今的格力，这两个优秀人成了格力的取胜法宝。

毫无疑问，朱江洪和董明珠都是人才，不过作为管理者，他们需要更多的人才。可如何吸引人才、留住人才？这需要优秀的管理理念。

“管理不达标，没有规矩怎么可能有优秀的人才？”这是董明珠的强势管理理念，也是朱江洪在2001年之前最想解决的事。

管理混乱是格力在发展壮大时期一直面临的一个最主要的问题，而这个问题在2001年完全显露了出来。当时因为管理的混乱导致格力电器的销售屡屡出现问题，发展势头有所减缓，员工的利益受到了损失，很多人联合起来罢工。

这是格力电器历史上从未发生过的事情，这件事情给朱江洪提了个醒，一定要“大治”了。“如何大治？让谁来大治？”朱江洪的脑海里第一个冒出的就是董明珠。董明珠好像是朱江洪在危机时的法宝，颇有些“有困难找董明珠”的味道。因此，为了让董明珠拥有更大的权力，为她的“大治”扫清障碍，朱江洪即刻为董明珠升职，将她从副总经理提拔为格力电器总裁。

“我们格力电器又到了关键时刻了，我希望你能解决这个难题！”董明珠就像以前的每次临危受命一样，没有丝毫犹豫就答应了。不过，在答应上任格力总裁后，她也严肃地跟朱江洪提了个条件。“不管我怎么做，您都要支持我！”董明珠说的时候非常严肃，双眼一眨不眨地看着朱江洪。

朱江洪稍稍想了想，接着一拍桌子：“好！我相信你！”

就这样，董明珠开始了她一系列的“高压管理”，制定了从领导下手直至普通员工的一系列规章制度。

首先，她以极快的速度撤换了一批不合格的中高层干部，速度之快令很多人没机会找关系。一场格力大变革在董明珠的手里迅疾发生了，而她变革后最强大的支持者就是朱江洪。

向国企的中高层动刀，难度可想而知。在那段时间里，格力的各上级部门接连不断地接到对朱江洪和董明珠的匿名"举报"。

这些举报让格力电器迎来了很多表情严肃的调查组，他们对朱江洪和董明珠进行了各方面的调查。最终，没查出"无欲则刚"的朱江洪和董明珠的问题，却查出了另一名高层干部的问题。事后，有人将这次中高层震荡称为给企业"刮骨疗毒"。"腐肉"和"毒素"被董明珠一点点地剔除了，格力电器再次恢复了生机，摆脱了停滞不前的状态，恢复了持续发展的势头。

这还没有结束，董明珠又开始制定一系列严厉的管理制度，这些管理制度因为太过严格甚至太过"变态"让很多人不适应。当时反对声很大，如果当时没有朱江洪的支持，董明珠不可能坚持下去，甚至说不定当时就没信心在格力做了，因为这些做法太得罪人了。

朱江洪当时对董明珠的支持可以说是顶着很大压力的，因为董明珠做事雷厉风行，做工作不讲情面，不管是谁做错事情她都会指出来，对于一些考核不合格的部门负责人，她二话不说，就地免职。她提倡讲真话，痛恨别人讲假话，不管是谁，一旦在工作中说了假话，她就会降职或开除这个人。还有她那不准员工留披肩发、不准戴首饰的"变态审美"观，对一些爱美女性来说简直是不能容忍的事。她们成群结队地向朱江洪告状，说董明珠强行将自己的审美观加给别人。

朱江洪也觉得董明珠太过严厉，但他信任董明珠，知道她之所以这么做一定有她的良苦用心，自己既然让她来治理，就应该放手让她去做，于是把心一狠：一切都按董总的来。告状的人只能悻悻然离开，不得不执行董明珠的"变态审美"，女员工即使伤心流泪也要执行。

董明珠总有她的理论，她的"大罪可恕，小罪难逃"原则让很多人觉得不可思议。董明珠认为，企业的员工犯了大错是可以宽恕的，因为没有人诚心想去犯那么大的错，很多时候犯大错是客观原因造成的；而小错是原本可以避免的，比如上班迟到、下班早退等，这种错是在挑战管理制度，一天发生算小事，但天天如此，日积月累是会动摇整个企业根本的，所以绝对不能原谅。

这些理论和做法如果没有背后的朱江洪支持，单靠董明珠一个人的力量，又怎能坚持下去？因此有人说，董明珠成就了格力，而朱江洪成就了董明珠。

此话丝毫不夸张，自董明珠出任格力电器总裁后，她和董事长朱江洪形成了我国商界独一无二的"二虎"现象。

俗话说"一山容不得二虎"，但在朱江洪和董明珠面前，这话不攻自破。曾有一篇文章是这么形容朱江洪和董明珠的合作的："上帝创造了男人这个有缺陷的动物，要么有才无德，要么有德无才，朱江洪是一个奇迹；上帝创造了女人这个有缺陷的动物，要么有貌无脑，要么有脑无貌，董明珠是一个奇迹；上帝创造了企业家这个有缺陷的动物，要么独断专行，要么两雄相斗，'珠海二珠'（朱江洪、董明珠）互相欣赏是一个奇迹。"

没错，个性和做事方式上互相弥补、互相欣赏的两个完全不同的"虎"就那么和谐、融洽地合作了，更令人不可思议的是，他们还将这两股力量结合在了一起，使他们的力量变得更强大了。

朱江洪个性低调，低调到整日沉浸在车间，为制造一台优质空调而忙碌，看外表他似乎完全不像董事长，整日一身臭汗，满身油污。不过，正是这样的他让格力电器的技术和质量不仅在国内首屈一指，而且和日美优秀企业的产品不相上下；而董明珠个性高调，高调到经常穿着漂亮的衣服，背着行囊走南闯北，她脚不落地地去"卖"空调，使格力空调的销售额像坐飞船一样，一年一个样，飞速增长。

他们是那么的不同，不同地就像一个事物的两面。然而，他们又是那么地相同，相同的是，他们有着共同的使命感和责任感，他们有着共同的理想——将格力电器做成全国第一、世界第一。因此，在中国的电器行业，很多人都说朱江洪与董明珠的配合是"绝配"。

朱江洪为人宽容，心胸宽阔；董明珠为人强势，原则性强。朱江洪和董明珠两人默契地配合着，成就了格力这个"中国最优秀的上市公司"。

科龙电器的前总裁王国端对朱江洪和董明珠曾有这样的比喻："朱江洪遇到董明珠是朱江洪的福气；董明珠遇到朱江洪是董明珠的运气。"

竞争对手们说，这两个人要是吵架，或者有一个生病了，抑或有一个人退休就好了。不然，他们强强联手，太难对付了。

"珠海二珠"默契地合作了20多年，直至2012年5月朱江洪退休。朱江洪和董明珠这两个互补的高手让格力电器缔造了不败的神话。

第五章
守正出奇的战略思维：
打破常规，走出格力新路线

"我坚持做实体经济，而且是专业化的实体经济。也许有些人会说我傻，说我们错过了很多赚钱的机会，但我觉得，傻不傻，每个人有每个人的判断标准。我们只做对企业有利，对社会有利的事！"

——董明珠

"只有先声夺人，出奇制胜，不断创造新的体制、新的产品、新的市场和压倒竞争对手的新形势，企业才能立于不败之地。"创新是企业家通过长期的积累和全身心的投入获取的灵感，是企业家精神的灵魂，是企业持久发展和占领行业鳌头的关键。

独创销售模式，引领行业风向标

1

董明珠正式接任格力集团和格力电器股份有限公司的董事长后，格力电器的销售额突破了1000亿元；格力推出的全球首创双极变频空调技术也引领了创新大潮。

这些变化让人们对董明珠时代的格力产生了无限遐想。不过，在别人说到这一点的时候，她却说："对我来说，1000亿元只是一个数字，我不认为这是一个门槛，它也不是我期盼的一个点，这仅仅只是一个过程。"在董明珠看来，这些数字从小到大的变化是对自己和团队一直坚持做实体经济。坚持做专业化的一种市场褒奖。

一个人、一家企业不应是单纯为了利益、个体的得失去做什么，特别是作为实体经济的代表，董明珠和格力电器一直承担着比其他企业更多的社会责任。她觉得，当她和格力电器的行为给更多人带来美好生活、改变了很多人人生的时候，才是她和她的格力电器的价值所在，这种责任和财富无关！

在格力电器的发展稳健上升的时候，有人曾建议董明珠让格力去搞房地产，因为搞房地产非常赚钱，比卖空调赚钱多了。也有企业找到她，希望她利用格力这个品牌搞加盟事业，收一些加盟费，按理说，这些都是一本万利的事，但董明珠却坚决拒绝了，因为她有她的原则。

她觉得，搞房地产或其他行业会分散格力的精力，让格力无法专注于空调的技术和创新；而利用品牌来收取品牌费，很可能导致有人为了利益毁掉他们辛辛苦苦积攒下来的好名誉。好的品牌需要精心维护，不能为了一点钱给品牌抹黑。

这就是董明珠的执着和原则，她对格力电器的爱堪比她对儿子的爱；她对"格力"这个品牌的珍惜甚于对生命的珍惜。从很多小细节里都能看出来。

格力电器总部大楼的第6层电梯外有一处醒目的文化墙，墙上整整齐齐地写着三行金色大字："讲真话，干实事；讲原则，办好事；讲奉献，成大事。"

这三行字是2012年董明珠升任董事长时提出并写上去的，之前这面墙上只有四个字"少说空话"。这面文化墙是董明珠每天上下班必经之地，她将文化墙设在此处，就是为了时刻提醒自己。

"讲真话，干实事"，这是董明珠做事的原则，这样的思想觉悟让她在长期的市场实践中逐渐摸索出了一套独特的经营模式，如淡季返利和区域性销售公司制。

如果说淡季返利的销售模式让格力电器记住了董明珠这个人的话，那么区域性销售公司的销售模式则让电器行业记住了董明珠。区域性销售公司的销售模式在电器界非常有名，也被电器界同行及新闻媒体称为"格力模式"。

董明珠独创的区域性销售公司的销售模式曾被经济界、理论界誉为"21世纪经济领域的全新革命"，并被评为"广东省企业管理现代化优秀成果"。当然，区域性销售公司这种销售模式的独创并非董明珠所做的第一个创新，她的第一个创新是1994年的淡季返利销售模式。

当时，由于空调销量高速增长，格力电器急需在淡季向银行大量借债来购买原材料，以便生产空调，而此时厂里又有很多库存产品。怎么解决这个问题呢？如果能将仓库里的库存都销出去，不就不用向银行大量借钱了吗？可那时不是经销商们进货的好时候，而董明珠也一直都不喜欢降价处理。

在这样的背景下，董明珠发明了淡季返利模式，就是经销商淡季向格力投入资金（进货），格力把生产出来的空调以低于正常出货的价格给经销商。这既解决了格力的生产费用，也让利给了经销商，实现了双赢。

董明珠做销售一直有她的原则，在淡季，很多空调商为抢得先机，喊出了"让利不让市场"的口号，董明珠却对他们打价格战的做法很不屑。她态度坚决地说：不管淡季旺季，格力空调一分钱都不降！董明珠的理由很简单，因为格力一旦降价，一些大经销商就会抢先出货，用低价冲击小经销商，这将会动摇客户对格力的信心。低价倾销还会使厂家利润下降，如此厂家也会在后期服务上大打折扣，导致消费者投诉不断，几方都不得利。

事实证明董明珠是对的。那些用低价创下销售新高的商家最后的结果都是巨额亏损，同时，因为服务不到位，他们也给消费者留下了不好的印象，最后他们即使将空调价格降到最低也没有消费者光顾了，最终在中国的空调市场销声匿迹。

相比于大搞价格战的厂家，坚决不降价的格力反而在1996年中国的"冷夏年"中销售额增长17%，以97万台的销量坐上了当年国内空调界的头把交椅。既不用打价格战，又能解决格力的资金周转问题，董明珠的淡季返利模式为电器业淡季营销提供了另一条思路。

2

1997年，董明珠升任格力副总经理后，发明了后来被业界高度评价的"格力模式"，也就是区域性销售公司的营销模式。

此模式首先在武汉试行，其特点是将厂商和经销商的利益进行捆绑，充分抓住当时销售渠道的特点，建成所谓的"利益共同体"，为格力电器的持续、高效、稳步发展提供了强有力的支持。

区域性销售公司模式其实也是"股份制区域性销售模式"，具体做法就是在每个省选定几家大的经销商，共同出资参股组建销售公司，组成一个利益共同体，共同来操控区域销售，达到共赢的目的。在这种模式里，格力电器只输出品牌和管理，在销售分公司里只占很少的股份。

董明珠之所以会创造出这样一种销售模式，主要是因为随着空调市场竞争的不断加剧，同一区域、同一家品牌的经销商为了争夺利益不断降价、窜货、恶性竞争。格力电器品牌的经销商也不例外。

拿湖北来说，当时湖北拥有四个格力经销大户，这四家的销售业绩也一直很不错。可在1997年的一场空调大战中，四家格力经销大户为了抢占市场、追求利润，竟然也搞起了争相降价的戏码，湖北的格力市场价格顿时乱了套，结果格力和那些搞价格战的厂家、商家一样，四家大经销商没有一家占便宜，那一年全都亏本了。不仅他们亏了，也让格力在湖北市场上受到了损失，可以说是一损俱损。

在这种情况下，身为格力副总经理的董明珠亲自出马，去湖北了解市场，和经销商谈，让争红了眼的四大经销商坐在了一起。四大经销商坐在一起的时候，董明珠突然灵机一动，不如让他们组成一个团队，形成一个整体，然后并肩作战，这样就避免了互相竞争，同时也实现了一荣俱荣，因为多赢是董明珠的一贯销售原则。

有了这个想法后，她又几次去武汉同经销商们商谈，说出她的想法，供大家讨论。

在恶性竞争上吃了亏的经销商们，觉得董明珠的想法非常好，于是在1997年年底董明珠的设想得到了实现。

几家以利益为纽带、以格力品牌为旗帜、互利多赢的经济联合体——湖北格力空调销售公司诞生了，这也是国内首家由厂家和商家共同组建的区域性品牌销售公司。这种以股份制形式组成的销售公司将渠道、网络、市场、服务实施全面统一管理，实现了共同做市场、共同求发展的目的，开辟了一条独具一格的专业化销售模式。

湖北格力空调销售公司的成立大大规范了湖北地区格力空调的市场秩序，这个销售公司也一跃成为格力在湖北市场一个有力的二级管理机构。作为试点的湖北格力空调销售公司在成立后第二年就让销售额上了一个新台阶，增长幅度达到了45%，销售额突破了5亿元。

区域性销售公司模式在湖北取得成功之后，格力便将这一模式在全国范围内复制，一时间，重庆、湖南、河北、安徽等32个省市区全都建立起了区域性销售公司，成为格力空调在激烈市场竞争中取胜的撒手锏。

之后，格力区域销售公司也就成了格力电器在空调大战中制胜的法宝，屡屡创下销售新高，为格力成为世界品牌打下了坚实的基础。

通过这一销售模式的启动，格力不仅稳定了产品的价格、维护了品牌的形象，而且还同时提高了自己的市场份额，可谓一举三得。同时，全国几千家经销商、3000多家专卖店也为格力自主渠道的开发提供了有力保障。

"创新"证明了董明珠这位销售奇才的超前战略思维。当然，"格力模式"之所以能在格力顺利实施并取得成功，与董明珠强有力的规章制度及铁腕政策是分不开的。因为这样的销售公司如果没有"铁腕政策"支撑，很可能让销售公司脱离格力电器的掌控，成为脱缰的野马。

如今，格力经过了市场的一系列恶战和考验，逐步树立了自己强有力的品牌，格力的销售渠道也变得完善起来。特别是格力与二、三级经销商非同一般的关系使格力不用再担心大经销商的"变节"、影响格力整个销售渠道的稳定了。

当然，能做到这点，与董明珠"公平公正、公开透明、公私分明"12字方针的强力执行有着莫大的关系。董明珠一视同仁地对待大小经销商，维护小经销商的利益，为稳定销售渠道奠定了基础，这种良好的合作不得不说是董明珠超强管理智慧和把握全局的战略思维使然。

"格力模式"还有很大的后劲，董明珠对此很有信心。当然，董明珠不在乎它的实施对格力具有多大的意义，她在乎的是，颇具中国特色的销售模式和销售理念是否能应用和推广到更多的中国企业里去。

还有一件曾震惊全国的"大战"，也将董明珠这种"把握全局的战略思维"能力体现得淋漓尽致，甚至可以说，董明珠真正被中国知名企业的老总熟知、认可甚至害怕，都是因为她的这一"战"、这一"决策"。

那么，这一"战"到底是什么呢？就是被外界所称的"格美大战"。"格美大战"是指格力和国美两大企业间的一场交恶战。那是在2004年，董明珠时任格力电器总裁。当年，由于双方对一件事情达不成共识，又互不让步，所以两家停止了合作。就在大家都为格力担心或幸灾乐祸的时候，却惊讶地发现，格力空调的销售没有受到丝毫影响。甚至在2005年格力电器竟然以1200万台的销量超过LG，成为空调行业的世界冠军。

而国美经此一役后却慢慢从强盛转向衰落。那么，这场在电器行业引发了"大地震"的"格美大战"是怎样发生，又如何结束的呢？

严抓严打，"格美大战"鹿死谁手？

1

引起电器业"大地震"的"格美大战"爆发于2004年2月21日，当时正是万物复苏之季，对空调市场来说，旺季马上就要来临，一向以薄利多销为原则的国美为了能在空调销售的旺季夺得先机，在没有征得格力同意的前提下，擅自将成都的格力产品进行了降价销售。

"绝不打价格战""绝不降价"是董明珠销售的一贯原则，时任国美电器主席的黄光裕不可能不知道。不过，也许正因为他知道董明珠的脾气，知道即使征求了她的意见她也不可能同意，因此便来了个先斩后奏。当时黄光裕对"董明珠不可能翻脸"还是很有信心的，因为销售网络遍布全国的国美对电器厂家来说绝对是上帝。

在得知这个消息的时候，董明珠正在北京参加两会，她当时有些傻眼，因为她完全没想到国美会这么做。稍稍平静下来后，她马上给格力四川销售公司经理打电话，让他通知国美停止降价销售，还要求国美向格力道歉。

国美当时正是"店大欺客"之时，怎么会听董明珠的话？虽然他们知道自己惹了一个不好惹的刺头，但国美北京总部还是毫不示弱地回应：绝不停止降价销售，绝不道歉。

"如果不停止降价销售，那就不要再销售格力！"董明珠火了。

黄光裕冷笑一声，在2004年3月9日向全国销售分支机构发布了"把格力清场、清库存"的决定。

电器界由此硝烟顿起，两家有名的厂商之间的"战争"怎么可能不引起震动。当时，格力是连续9年占据国内空调销售量第一的生产商，而国美则是有着130多家连锁商城的全国最大的家电零售商。

这场"豪门之战"吸引了众人的目光，同行们大多都抱着"隔山观虎斗"的想法观望，很多人甚至开始打赌，赌这场战争最后谁会低头。当然，赌格力董明珠输的居多。

之所以觉得董明珠会输，是因为他们知道董明珠的性格，知道她绝不会低头，既然不会低头，那么面对强大的对手国美的黄光裕她就只能输了。

董明珠在那段时间觉得非常孤独，因为很多人都和她说："像国美和苏宁这样的大卖场，哪个商家敢和他们作对？格力要是得罪了他们，肯定是要付出代价的。"

在她面前说得人越多，董明珠反而越清醒，她突然意识到，这场战争不仅仅是对产品价格控制权的争夺，这是黄光裕想破坏她定下的规则、重建规则的"战争"，同时还关系到双方能不能"诚信"合作。

冷静下来的董明珠非常强硬地回复了那些提醒她的人："跟国美这样的大卖场合作，品牌厂家会死得更快！"董明珠冷而强硬的一句话让大家怔了很久，还没等大家回过神来，董明珠下令："停止向国美供货。"

这下轮到黄光裕傻眼了，因为他没想到董明珠居然真的会这么做、敢这么做。

他不知道，董明珠之所以敢这么做，是因为她觉得国美虽然实力雄厚，销售网络也遍布全国，但在格力的销售额中却仅占不到1%的份额。就是说，即使不跟国美合作，格力的销售额也会保持40%的增长率，所以她不怕。

董明珠太清楚在和国美的对抗中格力自身所占的优势了。董明珠的强硬反应显然超出了黄光裕的意料，不过他还是觉得国美这样的专业店是格力电器销售的重要途径之一，董明珠自建的销售渠道只是销售方式的一个补充，"抵抗"不了多长时间。

让黄光裕更加没有想到的是，董明珠对此事的看法已经超越了企业利益的局限性，她说，国美跟格力之间发生的矛盾并不是黄光裕和她个人之间的矛盾，而是观念间的矛盾。格力之所以一直不愿意参与价格战，就是因为价格战会导致几方失利，比如因为价格低，消费者得不到好的服务；因为价格低，厂家和商家所获利润过低，有可能延缓企业发展，严重的甚至会加快企业倒闭；企业倒闭又将造成很多人失业，国家的税收也会受到影响……

因此，企业的所有行为都要对企业本身及社会负责，企业经营虽然不能赚取暴利，但却不能不赚钱。这就是格力和国美之间的不同，两人对企业的发展理念有着各自不同的看法。

对董明珠来说，跟格力合作的人一定要和格力一样具有达到双赢的价值观，损害任何一方的利益都是错误的，所以在她发现国美的价值观和格力不一样，而且国美擅自降价是对格力的不尊重，也是一种不真诚、缺少诚信的做法后，便毅然决然地选择了放弃国美。

"每个人都必须真诚和诚信地对待每个人、每件事，因为只有这样才可能成为人生赢家。"董明珠在很早的时候就已有了充满社会责任感的企业理念，对她而言，格力不需要占山为王的诸侯，需要的是能够保证格力的发展、能够满足消费者利益的合作伙伴，这些合作伙伴应该互惠互利，共同发展，将格力共同打造成世界品牌。如果每个生产厂家都在价格上服从商家的擅自安排、随意降价，商家由于自身利润低，就会在其他方面节约"瘦身"，这样就无法保证消费者的利益，进而再影响生产厂家的发展。厂家的利润空间被压缩，很可能为了省开支无法保证产品质量，无法持续研发产品。长此久往，厂家就会衰落甚至倒闭。

董明珠在陈述这些观点的时候，很多业内人士都认为她是小题大做，危言耸听。他们觉得厂家只负责产品质量，减少自己的营销渠道投入，将销售上的事情全部交给国美和苏宁这样的大卖场，是一种减负。没有营销渠道上的投入，他们的成本少了很多，利润就上去了。

他们不知道的是，在董明珠和黄光裕的"格美大战"后，国美及其他几家大卖场疯狂扩张，很多生产商因为一直依赖于大卖场，大卖场越来越"牛"，不断"挟渠道以令生产商"，生产商因为脱离不了大卖场只能逆来顺受，被动地接受大卖场的"剥削"。

直到2006年，一些大生产商如海尔、美的和志高等才回过神来，转而向董明珠学习，开始自建营销渠道，模仿董明珠的"格力模式"。"我们真是后知后觉呀！还是董明珠想得长远！有战略眼光！"此时，很多同行暗地里感慨道。

2

"格美大战"后，格力成为国内当时唯一可以成功摆脱家电连锁巨头控制的企业，格力组建的"格力模式"自营销售渠道也成为很多家电企业争相效仿的榜样。

"格力和经销商的合作原则是忠诚、友善、合作、共赢，绝不允许一家经销商利润通吃，一家独大。以国美为代表的大卖场就是'打我路上过，留下买路钱'，因此，我决定，他们一天不接受格力的价格原则，格力就坚决不在国美卖场设柜！他们有什么？无非有一个大地方，那地方还是租赁来的。如果我们自建营销渠道，照样可以！"

她的这种做法当时曾被很多人视为"不自量力"，甚至有人嘲笑她，说她太笨。可董明珠不理会这些说法，她说，大卖场的销售模式才有问题，因为他们以强欺弱，觉得全国他们最大，整天想着把其他店铺吞掉。这种狂妄的心态和做法是不理智的，也不现实的，更不符合客观发展规律。

董明珠和国美闹翻后并没有影响格力销售额，她的"格力模式"后来也被海尔、美的、志高等电器同行模仿，证明了她的观点是对的。

后知后觉的电器商们说得没错，董明珠确实非常有战略眼光。

就在电器行业的同行们纷纷称赞董明珠的时候，董明珠却对此有着清醒的认识。她说，自己脱离国美，销售额没有受到影响，这是很多同行都看在眼里的，可没有一家厂家去和国美处在一个平台上谈判。为什么呢？她想了很久，最后想明白了，这不仅是因为黄光裕们"店大欺客"，更主要的原因还在生产厂家身上。

"这些生产商不笨，他们不是看不出来，而是不敢和国美闹崩、对抗。格力为什么敢这样做？很简单，我们的产品有好品质，你国美不卖我们的，老百姓还是要买。有消费者，我们什么都不怕。可那些生产厂家不是，他们如果不依赖国美这个大平台，就无法将他们的产品'骗'出去。"

董明珠这句话说得尖酸刻薄，因为她用了"骗"字，她说，之所以用"骗"，是因为这些生产厂家对自己的产品没有信心，所以只想借助国美等大卖场来"推"自己的产品。这些生产厂家没有清醒地意识到产品质量的重要性，而产品质量是销量最重要的保证。

"为了'推'出自己的产品，厂家不断降价，到最后没有利润怎么办？当然是偷工减料，然后进入到一个恶性的经营循环中。"在董明珠看来，一些大卖场垄断销售终端逼生产厂家降价让利、操控市场价格，时间长了，就会让生产厂家变成大卖场的代工厂，生产厂家没有了自主权，一切要听从大卖场的"指挥"，最终会导致生产厂家萎缩甚至消失。

有人认为，董明珠一直坚持格力"不降价"原则，是她不愿意"吃亏"，其实恰恰相反，格力一直信奉的是"吃亏人常在"原则。比如，格力空调通常比其他品牌的空调重几公斤。粗略算一下：铜按7元1公斤来算，5公斤就是几十元钱，格力一年能卖上千万台空调，成本比其他品牌的空调高出多少，不言自明。

"格力是要做百年品牌的，所以产品质量一定不能打折扣，材料一定要选用最好的。"董明珠说。

正因为如此，格力空调挂在室外，风吹雨淋都不会生锈。也正是因为格力的产品有质量的保证，让董明珠在与商家的合作中掌握了主动权。

"总之，想要掌握话语权，就要做好自己的产品，只有有了好品质，才有同卖场叫板的权利。"对于董明珠的这句话，当时业界也曾有不同的看法，认为她有失偏颇，因为他们觉得生产商应该听取大卖场的意见，因为大卖场是产品和消费者之间的桥梁，大卖场最清楚消费者需要什么。

对此，董明珠解释说，她觉得企业确实需要跟流通领域去沟通、合作，但前提是这个流通领域本身有好的职业道德。

像是为了验证董明珠的正确一样，就在国美将格力空调全部清场后不久的3月20日，有家叫大中电器的卖场找到了格力，与格力签下一份包销18亿元空调的年度协议，预计年度总销量将达到8万台。

2006年9月，国内一家电业巨头曾发感慨说："国内家电大连锁商近几年来显现出超强的吞吐能力，因为其销量非常大，国内家电制造企业不得不屈从于大连锁商的要求，却距离企业最根本的东西——顾客的需求越来越远。"

董明珠之前的判断居然再次一一得到了精准的应验。为什么董明珠有如此先知先觉般的准确判断？这都源于她那最质朴的、最简单的信仰及理念。如今，很多人崇尚复杂，即使简单的事也要搞复杂才会相信，殊不知，越是简单和质朴的道理越是正确，而且正因为其简单质朴，所以更加需要付出百倍的努力去捍卫和实践。

这也正应了一句话：将一种纯粹的理念自始至终贯穿于生活和事业中，通常需要付出极不寻常的代价。如今是个商业时代，然而这个商业时代正在慢慢从躁动和喧嚣中回归理性，回归的过程中有痛苦也有割裂，需要一些人去承受和担当。这些人就像那些在大浪淘沙中"淘"出的珍贵物品一样，要通过他们的执着和坚守努力奋进，来做这个时代的先行者，做这个时代前进的推动力。

董明珠无疑是那个在大浪淘沙中最后留下来的精华。

"格美大战"留给很多人无数思考，有人将这场"格美大战"中国美的"败"归为强势男人和更强悍的女人的大战。他们甚至说，因为遇到了更为强悍的女人，所以强势男人之间在商战中的那一套在这位强悍的女人面前失效了。

这样的解释对不对，仁者见仁智者见智，不过，每每说到董明珠的时候，黄光裕的眼神中便会露出一丝复杂：这个执拗的、软硬不吃的女人让他感到害怕和敬佩，也有着"最崇高的无奈"。

董明珠处处表现得既像个破坏者，又像个创新者，她不断地打破营销领域里固有的游戏规则，然后又不断地根据自己的理念和需要，重新建立起新的规则，并让别人来接受这种新规则。

董明珠曾这样评价自己做营销："非常偶然。其实，我不该做营销的。"可见，董明珠怎么都不可能将自己的思维及行动仅仅局限在营销中的。她可以做的事还有很多，能做成的事更多。

摒弃简单制造，坚持技术创新

1

技术创新和企业的关系就像骨髓和人体的关系，缺少了骨髓的身体将是绵软无力的。同样，缺少了技术创新的企业也是没有发展可言的。一个企业想要不断地发展，不断地被市场认可，就不能只注重制造，而应该去创造。"制造"和"创造"虽然只有一字之差，却是完全不同的意思。"制造"是简单的复制和拼装，而"创造"却是要不断地创新。

对董明珠来说，创新是无处不在的，这不仅体现在技术方面，而且还包括人才、制度、管理的创新。如果单从技术层面上来讲，没有创新的企业是没有灵魂的企业；没有核心技术的企业是没有脊梁的企业。

董明珠曾说，只为盈利的企业最多只能称之为做生意，是不能被称为企业的。因为真正的企业是要打造百年企业的，如何打造百年企业？当然要通过不断的技术创新。

董明珠通过格力向世人证明，中国的企业生产出来的产品也是有创新的。如何创新？首先必须拥有自己的核心技术，只有这样才能打造出属于自己的品牌。企业发展的"天花板"是核心技术无法突破，只要技术在不断地创新，新的市场空间就会被不断挖掘出来，企业也就不存在"天花板"了。

从2000年起格力便在技术上进行了大量投入，截至2003年，格力在研发经费上的投入高达十几亿元。这时的格力电器处在"转型成功、再升级"阶段。

董明珠希望格力空调能像乔布斯的苹果一样，打造出属于自己的特殊品牌，给人以新的感受。如何再升级？就是要在管理、生产自动化和技术方面有所创新。

一流的管理才可能造就一流的人才，而要生产一个好产品，首先要打造一支优秀的人才队伍。所以董明珠在做技术创新前，首先做的是内部管理的创新，她要用一套科学的管理模式留住一流的人才，再让一流的人才去做技术创新。这就是董明珠定义的"管理升级"。

从"格力"这个名字的来历就知道，格力一直以来都是很重视技术创新的，格力电器曾经的董事长朱江洪是技术员出身，所以在研发资金投入上他从来都不设门槛，需要多少就投入多少。

在董明珠坐上董事长位置后，有人担心她会忽视技术创新，只重视营销。实际上，董明珠和朱江洪一样，也非常重视技术创新，她甚至认为在原有技术上的小改进不能称之为创新。

"我认为有突破的、有创造性的才能称之为创新。"董明珠说。她一直致力于让展示在大众面前的格力不管是产品还是思维都是全新的，甚至要做到别人无法复制。

有人说，一台空调有什么好创新的？样子都差不多，最多也就在效能等级和制冷效果上有所差别。但董明珠不这么认为，她觉得格力空调还可以在工艺设计甚至结构上有所改变。

"苹果手机在贴近消费者层面上是下了一番功夫的，他们做了很多创新，有了比其他手机更多的附加值，所以才会那么受大家欢迎。我觉得我们的格力空调也可以这样，可以创造出更多的附加值。"

如今，格力电器已经成长为中国最成功的空调生产商，但这么多年来，格力并没有因为什么赚钱就去做什么，只是专注于做空调。在很多人看来，格力浪费了很多的发展机会，有些过于保守。但董明珠却认为正是因为格力多年来只做一件事，今天才会登上顶峰。

2

"一个没有创新的企业是一个没有灵魂的企业；一个没有核心技术的企业是没有脊梁的企业，一个没有脊梁的人永远站不起来。"这是格力车间里随处可见的标语。

在经过20多年的巨额投入和技术开发后，格力电器的一些核心科技被一些国家权威机构鉴定为"国际领先水平"，如高效直流变频离心式冷水机组、1赫兹变频技术、R290环保冷媒空调、无稀土磁阻变频压缩机等。格力电器拥有国内外专利6000多项，其中发明专利有1300多项；仅2011年格力申请的专利就有1480多项，平均每天有4项专利问世。

在朱江洪任董事长、董明珠任总经理的时候，她就曾说过："朱总重视创新和质量，所以我希望有一天我能超过朱总，我相信他也希望我能超过他。"2012年8月，董明珠终于迎来了完全属于自己的崭新时代，她也终于等来了可以超越朱江洪的机会。上任后，她给自己定了一个目标，那就是在2015年实现2000亿元的销售额。那要怎么实现这个目标呢？

答案当然是通过技术创新。从格力电器历年发布的年度业绩报告里能够看出，格力的营业总收入和净利润一直保持着持续增长态势，之所以如此，完全得益于格力坚持自主创新，他们通过技术创新带动管理创新、销售渠道创新，再发挥其品质品牌优势，全面提升格力的综合实力。

这个报告基本概括了董明珠在掌权之后的工作重点、改革方向，也回应了一些人对她只重视销售、不重视技术创新的质疑。

很多人以为董明珠只擅长营销，不擅长技术，所以他们担心朱江洪离开后董明珠会不会依然坚持对工业精神和技术创新的追求。在这一点上，不仅董明珠做出了解释，主管技术的格力副总裁黄辉也用实际情况回答了很多人的质疑，他说："格力技术的研发是格力发展的基石，所以在格力发展的过程中，技术研发和创新一直都没有停。这些年，格力建立了整套的创新机制，我们有优秀的科研人员，也有好的机制，对技术创新和发展的要求越来越高，这也意味着格力的将来只会越来越好，而不会停滞不前或退步。"

董明珠在组建自己的团队时，将主管技术的黄辉升任为董事，从这一人事变动中也能看出格力电器对技术的重视程度。

"这一年来，我自身是没有什么变化的，工作依然照旧。但企业发生了很大的变化。我们的产品设计已经彻底摆脱了过去被动的思维，更多地转化为主动，目的就是真正为消费者带来福音。现在的格力已经不是简单地比其他品牌好一点点了。"这是董明珠做了格力董事长后说的话，"我们依然一路凯歌，没有变化。""没有变化"其实只是董明珠自谦的话，因为对她来说，稳步上升就是没有变化。

董明珠的很多下属说，她是个理想主义者，是一个追求完美的人，她对产品品质的要求比任何人都高，甚至可以说是非常苛刻。因为"她在市场上看到过太多优秀的产品，这意味着她对时尚和品味的要求更高"。正是在她的苛刻要求下，技术人员最终把很多不可能的事情变成了可能。

董明珠说，她希望格力在技术领域有更大的突破性和创造性，这种突破性和创造性不单是指给人们带来一种新的感受，还要能够改变人们的固有生活方式。

董明珠永远不会让她的支持者失望，凭借"自我创业、自由品牌、自主创新"，今天的格力已然成了一个被大家寄予了厚望的优秀民族品牌。

"将格力做成国际品牌，将格力电器带入国际企业行列。"这是朱江洪和董明珠两代格力领头人的愿望，如今，格力已经实现了。

在很多人认为只要将企业开到国外就是国际企业的时候，董明珠却觉得，所谓的国际企业其实是指产品走上国际市场，被国际认可。"我们格力电器已经是国际企业了。"董明珠自豪地说。目前，全球有100多个国家使用了格力空调，虽然现在出口的格力商标是用英文写的，但董明珠希望，不久的将来，能让中文"格力"两字出现在世界的每个角落。

第六章
空谈误国，实干兴邦：
新旧博弈下的企业家精神

> "人活着的意义不是为了自己，而是为了全天
> 下的人。格力要把国家标准、国际标准作为门槛，
> 以消费者的需求为最高标准。"
>
> ——董明珠

企业的未来与企业家精神息息相关。董明珠身上充满民族气节，她坚守创新理念，改写中国制造的被动局面，重塑一个活跃的商业循环，誓将"中国制造"推向"国际市场"，让中国企业感动世界。

跟随容易坚守难，中国制造亟待突破

1

"如果格力不存在，也就不存在我董明珠的意义。"这是董明珠眼里她和格力的关系。

董明珠说，一个企业的领导者必须有独到的思想见解，只有有了独到的思想见解，才能影响一个企业、激化一个企业。如果不能，这个领导就没有存在的价值和意义。

有人说，格力电器是董明珠的影子。今天格力已经深深地烙上了董明珠的烙印，留下了奉献精神、创新文化和社会责任的芳香印记。

2013年度格力电器实际总营收为1200亿元，净利润和纳税额均超百亿。2014年，随着产品技术升级的大幕拉开，创新技术在全世界空调行业首屈一指的格力电器又相继推出了光伏变频多联机、隐形家用空调、新婚专属家用空调、润尊超高能效变频等诸多技术领先的作品，产品力持续一骑绝尘。

格力空调2013年取得如此骄人的成绩，可以说源于董明珠的重视创造和改革。这一年格力光投入的研发经费就超过了40亿元，建研究院6座，拥有近8000名技术开发人员、14000多项专利，也就是说，格力平均每天都有11项专利问世……

为什么要把这么多精力和财力用在改革和创新上？董明珠不直接回答，而是反问道：为什么中国制造成了低质低价的代名词？

"是因为别人没有正视我们。为什么别人没有正视我们？除了国际社会的偏见，我们企业还应从自身寻找问题，问问自己，你的质量过关了吗？你有创新吗？"董明珠严肃道。

"一个没有创新的企业，是没有灵魂的企业。"董明珠的这个思想让格力从未停止过创新。

2013年12月，格力电器宣布该公司研发的"光伏直驱变频离心机"问世，光伏直驱利用率高达99%。不"接"电，自备太阳能电池板，太阳能转化为电能，实现自给自足。这一举措被国内外专家组一致认为"国际领先"。凭着首创的光伏空调核心技术，格力开创了中央空调的零能耗时代，迅速抢占全球中央空调制高点。

随着光伏发电成本的日益降低，也为之后光伏空调的横空出世创造了条件。生产格力光伏空调源于2012年董明珠的一次突发其想。

空调是家用电器里的"电老虎"，很多人舍不得买空调；买了空调又舍不得使用，原因是嫌耗电。那么，能不能生产一种不用电的家用空调呢？如果有这样的产品，不仅可以为客户节省开支，而且它的节能作用还能为国家和社会做出贡献。

有想法就要付诸于行动，董明珠即刻召集技术人员开会商议。"你们能不能做不要电的空调？"

董明珠喜欢创新，她的属下都知道，可对于董明珠的这个"异想天开"，他们还是很吃惊，忙不迭地摇头，连称不可能。

机器之所以能被带动，不就是用电吗？没有电，机器怎么转动？不能转动的还是空调吗？

董明珠并不认为自己是在异想天开，她详细介绍了她的想法，并说要做一种可以用新能源实现的空调降温，不需要耗电，不需要消耗资源。

"那……我们试试吧！"技术人员的这句话，成就了两年后的光伏空调。

董明珠坚信"空谈误国，实干兴邦"，她命人将这八个字贴在了珠海总部办公楼的大厅，以便让员工们经过时都能看到。将创新与实干相结合的格力很快就生产出了董明珠梦想中的不用电空调。

光伏空调的问世无疑是个创举，毕竟空调长久以来就是家用电器里的"电老虎"，别说不用电费，就是能节省电费客户也会争相购买。果不其然，虽然光伏空调比普通空调贵，但格力光伏空调在上市仅两年时就接到了500个大单，每单的需求在5万到10万元之间。董明珠的开心可想而知，她也更加坚信，只有技术、创新才能让一个企业伟大起来；只有拥有杰出的创造力才能赢得别人的尊重。

2

一个企业应该做创造者，而不是跟随者。一味跟着别人做，永远做不到别人前面去。企业若能在技术制高点上领先，不仅对未来发展有利，而且还能为产品的销售做辅助营销。这点从格力研发光伏空调就能看出，虽然2014年整个中国家电产业的整体销量在下滑，但格力电器2014年依然实现了营业总收入1400.05亿元。

"如果我平常不在家，不需要空调的时候，我就用自己的（光伏）空调发电，然后卖给城市电网，这样，我的空调不仅仅不用电，还可以把它作为一个挣钱的工具……"一说到格力光伏空调，董明珠就会滔滔不绝起来，她把格力的每一次创新产品都当成她的孩子来爱。

　　董明珠是格力的定海神针，很多人都说，有她在，格力每年都会让人眼睛一亮。每年有个"新格力"，这是董明珠时代格力电器的状态。

　　董明珠说，曾有人向她建议，说要想格力发展快，就要快速实现智能装备的壮大。而想要智能装备快速壮大，唯一的选择就是买别人的核心部件。

　　对此董明珠自然不认同，她斩钉截铁地表示，格力宁可慢一点，也要实现自主创新、自主研发。"只有通过创造才能彻底改变中国制造，因为现在大部分的企业，还在依赖于买别人的技术。"董明珠说。

　　当然，有好的产品，还要有好的营销策略。业务员出身的董明珠，知道怎么推广格力产品。2012年，格力空调登上纽约时代广场大屏幕，每天最多时能播放160次。毫不夸张地说，从北欧瑞典到非洲马达加斯，每11台家用空调里，就有4台是格力空调。

　　在她对产品质量、营销手段严格要求的双管齐下之下，格力终于成为全球空调领军企业，连续10年营业额稳居世界第一。

　　"人活着的意义不是为了自己，而是为了全天下的人。格力要把国家标准、国际标准作为门槛，以消费者的需求为最高标准。创造出能给消费者带来美好生活的产品才是我们的最终目标，这个目标一定要实现，我坚信一定能实现。"这就是董明珠将"中国制造"推向"国际市场"的决心。

　　2014年，董明珠不仅令格力电器有惊人产值，还将"中国制造"推向国际市场，使之成为全球空调产量最高的品牌，有了"世界空调看中国，中国空调看格力"的佳话。

　　董明珠用二十几年的时间坚守制造业，不但创造了惊人的品牌神话，还把"中国制造"推向了国际市场，让"中国制造"不再成为廉价的代名词。当然，这还不是她的目标，她的野心很大，她希望全球70亿人全都选择格力空调！

有人问她，中国企业走向世界，真正感动世界的是什么？她说，她觉得，一个企业不能靠忽悠别人或用简单的概念去赢得一个短暂的市场。一个真正有价值的企业不是看收入多少，而是看企业的内涵，看你创造了什么，改变了什么，这样的企业才能称得上是伟大的企业。

"在一个巨大的潮流中，跟随是特别容易的，坚守最难，坚守需要基于她有非常坚定的判断。"有学者曾这样评价董明珠对中国的意义。

空调巨头跨界做手机，专注孕育成功

1

2015年3月18日，董明珠在广州中山大学博学大讲堂以"传统企业的突围成长"为题演讲时，突然掏出一只手机，称格力手机出来了。

"我正在用！"

她的话不仅让现场一片哗然，还让"空调巨头格力跨界做手机"的新闻上了头版头条，业界更是大呼"没想到"。

更有想象力丰富的，将格力做手机与2013年底董明珠与小米CEO雷军的打赌联系到一起，称董明珠是为了"赢"雷军，才进军手机行业，旨在在手机行业上分一杯羹。

对于这种说法，董明珠嗤之以鼻，不愿多回应。问的人多了，她才说，格力做任何决定都只与自身的发展有关，和别人无关。

为了和小米"划清界线"，董明珠还说："制造的文化是什么？它和小米的文化截然不同，如果一个制造企业崇尚的是一个松散的、发散的、自由的文化，那这个企业早就完蛋了。"意思是说，小米根本不能和格力相提并论，单说企业文化和企业管理就千差万别。

董明珠崇尚军队管理。为此，有一年她还把年会安排在军营，并和员工一起穿上迷彩服，参加军训，因为她觉得，如果公司的管理能像军队一样，绝对服从和有团队精神，那这个企业将战无不胜。

当然，外界对专注做空调的格力突然做手机也是众说纷纭，有细心的专家给出了另一种解读。他们认为，格力做手机是"醉翁之意不在酒"。董明珠做手机并不是只为做手机，做手机只是她整个企业思路中的一环，也就是说，她意识到手机作为终端设备，未来很可能成为智能家庭的超级管家，因此，她要打造一个移动互联智能家居时代，让格力的手机成为智能家居中的一个平台，一个连接格力电器的入口。

超前的战略布局才是董明珠打破"专注做空调"的主要原因。董明珠是个有着超前战略思维的企业家，她做手机绝不是任性而为，因为格力在全国拥有3万家专卖直营店，它们是格力手机现成的销售渠道。

格力手机并非其他产品的附属品。格力手机上市后，格力又与美国高通公司（全球3G、4G与下一代无线技术的领军企业）签署了关于4G等方面的手机专利授权，这再次让我们看到了格力进入手机市场的决心。当然，与高通合作不但能解决许多技术上的问题，还能与其建立稳定的合作伙伴关系，毕竟高通在全球手机链上的地位至今无人撼动。

手机的制造环节很多，格力手机的所有环节都是在自己厂里生产，销售也是格力的销售渠道，代言呢？董明珠亲自出马。总之，格力手机是完全的自产自销。不过，格力手机的定价比国内普通手机高，达到3000元，又让大家很费解，不知她为何对格力手机的客户定位那么高。

董明珠不做过多解释，但有专家却替她做了解释，说格力手机不是单纯的手机，是未来智能家居的指挥中心，是智能物联网的入口，是董明珠为格力未来打造智能家居一体化在布局，她的手机客户群也不是一般手机用户。

不管格力手机的生产对格力和大众意味着什么，都不难看出董明珠的先见之明。

2

"格力要做好手机，因为我认为，我要做，就要做最好的。"

一款智能手机从研发到出货，至少需要投入5000万元，如今格力已经做了两款手机，投入已超过上亿元。可见董明珠下了血本，要在手机上有所作为。

其实，格力手机并非格力除空调外的唯一产品，格力还做了电饭煲。之所以研发电饭煲，是因董明珠听说中国人专门去日本买电饭煲。

2016年"两会"期间，对于国人在日本"爆买"电饭煲的事，董明珠既气愤又激动，这件事刺痛了她的神经，让她觉得很遗憾也很悲哀。中国有那么多的制造企业，没有理由连电饭煲都做不好。

董明珠是个有民族气节的企业家。2016年8月，在太阳岛论坛暨东北振兴论坛上，董明珠称，国人与其花五六千去国外买电饭煲，不如在国内买——"世界上最好的电饭煲，在中国，在格力"。

"好多人去国外买电饭煲，我不服气，我们用4吨半的大米开发出了世界上最好的电饭煲。"说到这里的时候，董明珠停了一下，又说，"可能大家听了会说，董明珠你这么傲，这是要用实力说话的。没关系，你们用了就知道，我说的没有半点虚言。"

在产品质量上董明珠从来不怕别人较真。不管是做电饭煲还是做手机，她说，"我们做产品的目标是什么？不是国家标准做到了，这个产品就合格了，而是要看有没有让消费者满意，消费者满意才是企业的标准。"

当然，格力做电饭煲、做手机，还是有部分人说原本只专注做空调的董明珠涉足其他行业是失败的表现。对此，董明珠回答："格力电器在发展过程中，从一个专业化的企业变成了多元化的企业。有人说，专业化是成功，多元化是失败。错！只有专注才决定你是否成功，而不是专业化和多元化。"

和格力空调一样，董明珠对格力手机的推销不遗余力，经常亲自站台。2016年7月，在"让世界爱上中国造　自主创新"高峰论坛上，董明珠说："我很自豪。我今天很大胆地和大家说，我的手机，世界第一！当然，我指的不是销量，而是我敢对消费者承诺，我的品质是第一！"

董明珠说完后，先是扫视一眼场下的人，又激动道："我今天可以说格力手机在两米的高度摔下去都不会坏，相信吗？你敢摔吗？"话音刚落，董明珠就高举手机，一松手，让手机重重摔在地上……

"格力手机能用三年"，这是格力手机自面市就打出的宣传口号。当然，对于此宣传口号有些人并不买账，说很多人家里堆满了手机，一年一换，所以格力手机的"三年使用论"并非优势。董明珠说，消费者不是傻子，不管几年一换手机，买时都需要买个质量好的，没人想要质量差的。

格力手机自亮相起一直非议不断。2017年1月，网上流传出格力电器"关于使用格力手机通知"的图片，还说董明珠刚刚给员工涨了1000元工资就要强迫员工买格力手机。

对此，董明珠坦言，要格力员工用格力手机是真的，不过那手机不是买的，是送。

"我们既给员工涨工资，也送员工手机，你有意见？你也可以给员工送手机啊。"直爽的董明珠在面对记者时先是呛网友，接着又说，"你是格力员工，格力的产品你不用谁用？你自己都不喜欢，为什么让别人来喜欢？"

对董明珠来说，作为格力的一名员工，生产产品时要带着爱生产，产品出来时也要喜欢自己的产品、用自己的产品。因为只有用了才能对产品有体验，才能知道它好在哪儿，然后再向别人推荐自己的产品。

"格力手机在部分人眼里是不成功的。可我觉得，一个产品的销售是需要时间沉淀的，作为企业，我要对市场、对消费者负责。"

2017年3月，董明珠在参加央视《对话》栏目时表示，她希望华为手机成为全球第一，而他们格力手机则力争成为全球第二。

能否有这一天，我们将拭目以待。

造车梦生，塞翁失马焉知非福

1

一个人要有信念。多数人往往因为太考虑个人得失，才会失去目标和方向。董明珠带领下的格力一直知道自己该走什么路。

董明珠从2016年就开始了她的多元化战略，实施智能家具和智能制造的"双智"发展，"双智"战略中就包括进入新能源汽车领域。

2016年2月23日，格力发布公告，宣布公司正在筹划重大资产的收购事项。不到半个月，格力公布了重组标的为珠海银隆。然而，此次收购却并不顺利，先是10月底交易方案中关于定增募资的方案被格力股东否决，接着又是11月格力的新交易方案被银隆股东会否决。

"虽然我们没成功，但是董明珠一定要做。希望大家开到我造的车，打着格力的手机，控制家里的温度，享受格力给你们带来的美味佳肴，这就是我的梦想。"董明珠在中国企业领袖年会上的这句话有无奈，也有难过。不过，不认输的性格让她并没有放弃收购念头。

"否决的人看到的只是眼前的三分利，没有投资未来的长远眼光。"董明珠说。董明珠看好的事情不可能半途而废。不过，此时董明珠面临的不仅是收购珠海银隆的失败。

俗话说，屋漏偏逢连夜雨。2016年10月18日，在收购银隆的交易方案中关于定增募资的方案被格力股东否决后不久，珠海国资委对格力董事会发出通知：免去董明珠同志格力集团有限公司董事长、董事、法人代表人职务。也就是说，董明珠只是格力电器的董事长兼总裁了。虽然珠海国资委说这是为了让她把全部精力都用在格力电器上，董明珠也说这是正常的工作调动，但在社会上还是引起了不小的震动。

2016年11月，董明珠在经历了珠海银隆收购失败，被免职格力集团董事长、董事、法定代表人后，在17日到28日期间，格力电器股价涨幅累计达到27%，换手率达到32%。

这太反常了。28日，深交所向格力发出《关注函》，要求对此事进行核查。经过核查，发现格力电器股价之所以暴涨，是由宝能旗下的前海人寿大量购买格力股票引起的。此时，前海人寿持格力股已经高达4.13%，离5%的举牌线仅有一步之遥。

一旦格力被举牌，将直接影响格力的内部管理，董明珠很可能将不得不离开格力。

危机重重之际，2016年12月13日，监管高层的介入让前海人寿停止了增持格力电器，前海人寿承诺会逐步择机退出。格力及董明珠的危机算是解除了。

在经历了接二连三的打击后，董明珠不仅没有退缩，反而更坚定了她一定要实现的梦想。

董明珠没有让爱她的人失望。虽然收购银隆失败，但在之后的广州车展上，珠海银隆还是在商用车展馆中央一辆红黑色基调大巴的车身、尾灯等部位印上了"格力银隆"四个大字，车身还印着：让世界爱上中国造。

大家都知道，"让世界爱上中国造"是格力品牌的口号，显然，"铁娘子"董明珠执意要造车。

<h2 style="text-align:center">2</h2>

"当时曾有人问我收购失败怎么办？我说没关系，如果收购成功，我可能更辛苦，因为我要把格力做成千亿企业。如今，我只需做好'造车'就行了。"

那时，没有人知道她要怎么起死回生。不过，遇到挫折怕什么？董明珠这二十多年的拼搏经历，能从一个基层的格力业务员做到格力的灵魂人物，不是一直都在越挫越勇中前行吗？

既然格力不做，董明珠就自己做。"我愿意拿我所有的资产，投入到银隆中去，因为我看到它是未来中国实现制造强国之梦的一条必经之路！"董明珠在一场演讲中说。

她坚定地认为，中国经济发展已经进入到了一个新常态，任何的经济行为都必须以保护环境和生态健康为前提。同时，中国已经成为全球再生能源的生产国和消费国，企业家必须和世界的绿色要素接轨。

不是说说而已，2016年12月15日，董明珠实现了她的承诺，个人出资10亿元，参与到银隆第三轮融资里。此次，除她而外，还有北京燕赵汇金国际投资有限责任公司出资10亿元，万达集团出资5亿元，京东出资3亿元，中集集团出资2亿元。

五家个人或公司合计出资30亿元。

董明珠的"造车梦"不仅没受到格力收购失败、被免格力集团董事长及董事的困扰，还联合万达集团董事长王健林等企业精英共同"造车"。

"董明珠也太厉害了，竟然能说服王健林投资。"有人大发感慨。"听说董明珠只是给王健林打了个电话，王健林就答应出资五亿。"还有人说。

董明珠对"造车梦"的坚持，体现了她对行业发展的前瞻性，在供给侧改革的关键时刻，和国家实体经济同命运，推动制造业走绿色发展的道路。作为中国最成功商人之一的王健林又是怎样被董明珠的一个电话打动的呢？

"信任！"王健林在接受记者采访时说，"我相信董总的眼光。企业家的作用在于有前瞻性，能看到别人看不到的，这也是企业家与商人的区别。虽然万达电器只用了格力的一个品牌，可基于对董总的信任，我们投资了银隆新能源。"

当然，除了对董明珠的信任，王健林投资5亿元，更在于他觉得珠海银隆是有前途的，珠海银隆在电动汽车和储能技术上有着不可估量的价值。

这又何尝不是对董明珠眼光的肯定呢？

"在家电领域，能够做到税后利率超过10%的，即便中国不敢说仅格力一家，我觉得不会超过两家。"王健林补充道。王健林对新能源车的投资，让董明珠的"造车梦"柳暗花明。

"能压垮我的只有内心，我已经不轻易落泪，但收到雪花般的祝贺短信时，我落泪了。"当终于有可能实现"造车梦"时，董明珠感慨道："我们提倡弯道超车，新能源汽车就是超车的好机会。"

"你如此执着，非做新能源车不可，到底为什么呢？"在与珠海银隆成功合作后，有记者问董明珠。董明珠说，将新能源车做起来，让国家受益，让国家变得更强大。

"只有国家强大，我们才能强大，今天我们走上国际的时候，我们的身份发生了根本变化，为什么？因为中国在强大。但是这个强大的路还很远，因为我们今天还不是引领型的，我们不完全是创造型的，我们更多的时候是在模仿别人……核心技术能够改变世界，而新能源车的核心科技必须掌握在中国人手里……"

2017年3月13日，在央视财经的《对话》栏目中，董明珠再次谈起了一心要造新能源汽车的原因。她说，除了想领先国际外，还因为大家现在都渴望环境——特别是雾霾带给我们的困扰能够得到尽快解决。

"既然新能源车可以减少雾霾，我们为什么不做呢？实体经济是中国经济最重要的支撑，制造业也是一个国家强大的基石，还是企业家的道德良心底线。身为中国人，就应该为中国负责，为中国的百姓和国家的发展负责。"

董明珠的"造车梦"不仅体现了她的前瞻性，还蕴藏着她对国家和人民深深的爱。

第七章
铿锵玫瑰，别样风情：
董明珠如何看待事业与家庭

"有时，我真想放弃所有的一切，好好地陪陪儿子。我甚至想，要是我是一个普通的家庭妇女就好了，也许那样，我的儿子便拥有更多母爱，会更幸福……不过，如果我过多地顾及家庭，可能放弃的就是'大'，那我在格力所坐的位置也就是不称职的了。这有违我现在理解的'工业精神'。什么是'工业精神'？就是一种牺牲精神！"

——董明珠

事业与家庭难两全。在商业精英董明珠眼里，"工业精神"即"牺牲精神"，于是她投注了绝大部分精力在事业中。在"东东的母亲"董明珠心中，她遗憾没能付出充足的家庭关怀。左手事业，右手家庭，董明珠如何衡量得与失？

献身企业忘自我，棋行天下女豪杰

1

有人说，董明珠如同那多彩的陀螺，一直沿着她的人生轨迹不停地旋转，在旋转的过程中她经受着各种各样的压力和挑战，而每次经受了压力和挑战后她都能得到大家的认可。这种认可又马上成为她人生陀螺的新动力，使陀螺旋转得更快……因此，她那一直旋转着的人生才会那么绚烂迷人。

可以形容董明珠的词很多，但首先跳出来的就是"不认输"三个字。董明珠的字典里没有"认输"两个字，她执着地坚守着一个信念：只要全心全力地做好自己应该做的事，你的人生就不会失败！

董明珠的人生不仅没有失败，甚至可以说已经"功成名就"，或者说，在2007年的时候她其实已经功成名就了。2007年，朱江洪和董明珠因为对格力电器做出了重大贡献，为了激励他们，格力集团给了他们股权，此后他们便成了身价过亿的人。

听到这个数字是不是很羡慕，是不是觉得这时的她应该放下所有工作，去过奢华生活、去享受人生了？

董明珠可不这么想，她觉得"功成名就"这种说法好像她已经不在格力了一样。她觉得，她和格力还有更大的潜力可挖，还有更大的目标要去实现。

因此，面对"身价过亿"，她淡然处之。如果她满足于过亿资产的话，那么十几年前她就可以满足，因为那时就有企业想用百万年薪来挖她，她没有动心。

财富对董明珠来说是什么？只是纸面上的数字。她觉得，人生最重要的不是赚了多少钱，而是为这个社会做了多大贡献，因为社会财富的增长是远远大于个人财富的积累的。

这句话要是别人说起来，很多人可能会嗤之以鼻，觉得他（她）是在吹牛，没有走心，可董明珠说出来，大家都知道，她说的是真的。

董明珠在格力不是为了钱。如果只是为了钱，她现在完全可以把她在格力的股份卖掉。想想看，拥有亿万资产，加上非凡的商业才华、惊人的人脉，她完全可以年年上福布斯富豪排行榜。可她没有，她既没有卖掉股份，也没有离开格力，因为她是格力人，她重视的是企业的发展，是格力这个品牌的发展。

在董明珠眼里，格力电器的发展不仅是为这个企业，更是为一种社会责任感，作为格力的老总，她应该承担起这种社会责任。"能力越大，对社会和企业的影响也就越大！"董明珠是这么说的，也是这么做的。在工作之余她更多地投身公益事业中，资助全国的自闭症儿童。

对于为什么会帮助自闭症儿童，董明珠说，她曾认识的一个小孩子正是得了这种病。她知道这个病对家人来说有多痛苦，所以她想帮助这些家庭重获生活的勇气和力量。董明珠认为这是做了她应该做的、力所能及的一件事。

这位以"强硬""霸道""六亲不认"闻名的女强人其实是非常温柔、

有爱心的。可是为什么她给人的感觉总是有那么一股"狠"劲？这股"狠"劲，有人甚至说从她走路的姿势中就能看出，说她每踩下去一脚都会给人一种"狠狠"的感觉。

"董姐的'狠'，不仅仅是对别人，她对自己，对'家人'更狠！"和她一起工作过的一些同事如此评价她。那么，她对家人到底有多"狠"呢？随便就能举出一个例子来，比如身为格力董事长，董明珠却没有一个亲戚朋友在格力工作，甚至为了格力的利益她能和亲人、朋友翻脸。最典型就是对她一母同胞的哥哥。

1995年，董明珠时任格力经营部部长，格力当时处在成长期，每到空调销售旺季货源都非常紧张。因此，有个经销商辗转找到了她的一个哥哥，想通过他拿到格力空调，还承诺事情办成了会按2%给他提成。

董明珠的哥哥觉得这么简单的一件事肯定没问题，便答应了，兴冲冲地从南京去珠海找她。没想到，董明珠毫不犹豫地拒绝了，而且还当着哥哥的面给那位经销商打电话。

"是你找我哥哥的吗？"董明珠问。

经销商一听这话非常高兴，因为他觉得这个关系拉上了，所以连连说："是呀！是呀！我还许诺给你哥哥2%的提成。"经销商说这话的时候颇有些邀功的味道，因为他觉得他让董明珠的哥哥赚钱了。

"告诉你！不管是谁，不管找谁，都不行！从现在起，我要停了你的货！"董明珠说完，啪的一声将电话挂掉了。

董明珠的哥哥脸色唰地一下变了，他张张嘴，想骂董明珠几句，却一句都骂不出，只是扭头就走，走到门口时他停了下来，撂下了一句话："从今往后，我再也没有你这个妹妹了！"

董明珠当时心里也很难过，但却没有叫回哥哥，也没有向他道歉，因为她觉得自己没有做错。

之后，她还让那位经销商写了保证，说自己以后再也不走后门、找关系了。那一年，那位经销商做了7000多万元，如果按照2%的提成算的话，董明珠的哥哥当年可以拿到100多万元。

"那是1995年的事，到现在都快20年了，我哥哥至今仍然不理解我的做法，不理我！他认为我手上有权力，却没有为家人谋利。"董明珠每每说起此事，都显得很无奈。

不过，即使亲人不理解，她依然没有后悔当初的决定，因为她觉得，如果当初她不制止这种行为，那么自己的哥哥也许发财了，但那些经销商会怎么看格力？怎么看她董明珠？他们很可能不会再去用心做市场，很可能只会将心思用在如何找后门上。

除了对亲人，对朋友她也一样，有朋友想通过她进入格力工作，都被她拒绝了。"即使他们有再好的能力我也不会让他们来的，因为他们来了很可能引起一系列连锁反应，会有很多格力人让他们的亲戚朋友进来，所以我必须从我这里开始杜绝！"

这种看似冷酷无情的做法实际上是董明珠在坚持原则。正是因为她坚持了这个原则，所以通过严格的管理，使格力电器从1995年起便没有了应收款，从1997年起没有从银行贷过一分钱。

2

董明珠的办公室里挂着一幅字，上面写着："献身企业忘自我，棋行天下女豪杰"。这幅字是格力的原董事长、董明珠的伯乐朱江洪2005年送给她的生日贺礼。

有人说，董明珠的一生都贡献给了格力，贡献给了那个她付出了全部心血的"中国最优秀的上市公司"。

这是每个格力人都会由衷说出的话，在他们眼里，董明珠是位了不起的企业家，她那舍弃一切的奉献精神、对企业没有私心的执着精神让他们感动，也让他们自豪。这位拥有敏锐市场嗅觉和判断力的女企业家用她显赫的业绩证明了她的不平凡，证明了女人也能像男人一样，做一个成功的企业家。

董明珠曾经说过一句话："在这个社会，因为男性处于主导地位，因此，女性在领导岗位上通常要比男人付出更多。因为，作为一名女性，她要领导一帮男性，如何让他们信服？不是靠简单的亲和力，而是要用智慧。而且更多的时候，你要比他们更加执着和拼搏才行，你要比他们做得更好，你的判断力要比他们更强……只有这样，他们才可能心服口服地接受你的领导！"

2012年4月，在广交会现场，时任格力电器副董事长、总裁的董明珠穿着高跟鞋，为采购商和媒体记者介绍格力新产品。她一直站着，一站就是几个小时，在大家都累得想坐下休息的时候，她还是神采奕奕、精神百倍。

在格力的20多年里，董明珠一直都这么拼命。因为她相信"一分耕耘，一分收获"，她说她无法做到像可以潇洒地打高尔夫球、爬山的老总那样，她只能"笨鸟先飞"。

格力不是民营企业，但董明珠对格力的付出却比很多民营企业家对他们的企业付出的都多，这也让很多民营企业家对董明珠佩服不已。"她已经那么成功了，还会经常出差，亲自去市场了解情况，我们自己做老板都做不到这么敬业，但她做到了，还是在一个国有企业。"这是民营企业家眼里的董明珠。

进了格力后的董明珠几乎没有属于自己的私人时间，她见人就推销格力，张口句句离不开格力。怪不得她的很多企业家朋友都说，像她这样的人，在国有企业里简直比熊猫都珍贵、罕见。

在别人眼里难得的事在董明珠看来却很正常。"作为领导者你必须没有私心地去做事情，否则这个企业是搞不好的。"董明珠觉得，一个人如果有很大的私心，一旦有权，那权力也就私用了。因而，企业的好坏通常不是体制的问题，而是领导人的问题。

"有人说把制度建好了，企业交给谁都行，我说不对，不是这样的。任何时代，领导人都起着决定作用。制度再好，领导人不好，他也可以把好制度推翻。因此，格力选人的条件很简单，道德放在第一位，能力放在第二位，所有坐在这个岗位上的人一定要是忘我地、能够舍弃自己所有利益的人，因为只有这样，这个企业才有希望。"

虽然自她上任的第一天起，她就开始有意识地以"奉献精神"和"牺牲精神"来培养接班人。不过，正如她的下属们所说："很难找到一个像她这么无私和投入的人。"

董明珠也坦言："有些人现在看起来可能很好，但掌权之后很可能就不一样了，现在你是看不到的。找一个知足的，甚至愿意为了企业付出一生的人，真的很难。"正因为如此，媒体也才发出了"董明珠无可复制"的感慨。

在格力，董明珠以她的无私、公正和奉献赢得了持久的权威和拥戴。她的下属们害怕她、敬重她，但也崇拜她、支持她。最重要的是，他们愿意一直追随她。

"如果我是名普通员工，我可以有很多好朋友，并和他们经常聚在一起。"但她成为"领导"后，她家的大门就几乎拒绝了所有的熟人和朋友。

20多年来，很多人都会问董明珠一个问题，问她如何让事业与家庭兼顾，她总是如实回道："一定要有所抉择，如果兼顾不了就只能选择一项了。"

选择的背后是遗憾。董明珠知道，只有远离格力时她才能算得上是一个女人、一个母亲。但在格力的时候，她虽然能够做到对得起公司、对得起客户、对得起自己，但却唯独做不到对得起家人、对得起儿子。

"有时候，我真想放弃所有的一切，好好地陪陪儿子。我甚至想，要是我是一个普通的家庭妇女就好了，也许那样，儿子会更幸福……"

江浙女子本柔顺，一腔温情系儿身

1

2006年，格力电器荣获中国空调业唯一的"中国世界名牌"。在那天的庆祝晚会上，董明珠身着漂亮的服装登台表演，她深情地演唱了一曲《藏起想哭的心》：

"就这样站在人群中，紧闭双唇写满坚强，虽然很累的眼睛没有思想，虽然漂流的脚步有些踉跄，无论你什么时候回头望，你都会看到我笑得像太阳；藏起想哭的心，做出无所谓的模样，藏起想哭的心，没人的时候哭个汪洋；就这样站在人群中，挺直的肩撑着倔强，尽管孤独的痛在渐渐成长，尽管无奈的祷告带着苍凉，无论你什么时候回头望，你都会看到我笑得像太阳；藏起想哭的心，对你撒一个真正的谎，藏起想哭的心，静静地打开从容那扇窗。……"

每句歌词，董明珠都唱得那么清楚，一字不差。没有歌词提醒，也不用歌词提醒，因为每句歌词都像在说她的故事，表达她的心情。

董明珠的歌声刚刚响起的时候，全场都安静了，他们无法将台上那位深情款款的漂亮女人同他们的老总联系起来。唱到"藏起想哭的心"时，台下的人看到了董明珠眼睛里有亮晶晶的东西在闪烁，在那一刻大家突然发现，这位"六亲不认"的强硬老总竟然是那么柔情似水……

"我是江浙的女子呀，我也有柔顺的一面呀！"这是别人评价她只会"硬邦邦"的时候她无奈的辩解。那天的演唱让人们看到了不一样的董明珠。

其实，这位在工作时强势到"水一定要至清"的老总，强势只是表现在原则面前不让步。生活中的她或者说在不需要讲原则的时候也会露出柔情、温和的一面，在她身边待久了的同事都会感觉到。

有一次，一位在公司做后勤的女员工因为违反了规定被罚款100元。董明珠知道，这位女员工的丈夫也在格力，夫妻俩的工资都不高，而且女员工的丈夫是做售后服务的，常年奔波在外，很少在家，家里只有女员工和孩子。想着罚款100元对他们家来说不是个小数目，董明珠心里有些不安。不过，违反规定又必须要罚，这是原则，谁都不能幸免。

于是，她将那名女员工叫进了自己的办公室，塞给她100元，告诉她："这是我自己的钱，给你补上。不过你一定要记住，明天要把罚款交上来。一码事归一码事，希望你以后不要再违反规定。"

女员工当时就愣住了，她的泪水在眼眶里打转。之后她再也没有违反过规定，还在私底下对其他员工说："董姐一点儿都不凶，心肠可好了！"

董明珠在工作中无疑是强势的，在聊到企业的时候，她脸上的表情会很硬朗；但在聊起儿子时，所有"坚硬"的外壳会在瞬间融化，她的脸上掩饰不住地会溢出母性的光芒。

儿子是她内心最柔软的一块。

2001年对董明珠来说绝对是个幸运年。因为那一年，她走上了事业的高峰，成了格力电器的总裁。同年，她生命中最重要的儿子也给了她惊喜，考上了重点大学。

"2001年夏天对我来说太不平常了，可以说是我这一辈子最开心的一年，因为我儿子考上了重点大学。我一直疏于对儿子的关照，但他却是那么的出色，让我少了很多遗憾。我的儿子太棒了！太争气了！因为工作太忙，我把全部精力都放在了格力电器上，所以没有给他充足的家庭关怀，可就是在这种情况下，他还是那么勤奋地学习，不用我操一点心。我太自豪了！在得知这个喜讯的时候，我在很长一段时间里都沉浸在兴奋和幸福中！"直到现在，每次说起这件事时，董明珠都会激动得涨红了脸，脸上写满幸福和满足。

自30岁丈夫去世后，董明珠便没有再婚。或者说，自她进入格力，便将自己嫁给了格力电器。

生活要有取舍，每个人的目标不同，选择什么样的生活就要为之不断地付出。董明珠为了自己的目标做了很多取舍，如今，随着企业的壮大，董明珠的事业进入到了平稳发展期，但她牺牲的私人时间却再也回不来了。

董明珠曾经是标准的贤妻良母，丈夫还活着时她是一个贤惠的妻子，将家打理得温馨又幸福；丈夫去世后的6年里她是个坚强的单身母亲，强忍悲伤，既做爸爸又做妈妈，独自抚养儿子。

那时候，由于儿子太小，不能上幼儿园，董明珠又不放心将儿子放在家里，上班时便带着他。冬天怕儿子坐在自行车上冷，她便上下班都抱着儿子走半个小时，每天两个来回。那几年，那条通往家和单位的小路上，时常会有一位柔弱的女子，怀抱幼儿，脚步匆匆……

在那样的忙碌和艰辛中，董明珠丝毫没有觉得苦，她像所有的中国劳动妇女一样，一心扑在儿子身上。然而，自从她进了格力，她便将身心全投入到了格力的身上，对和她相依为命的儿子东东的照顾也少了很多。

不过，让董明珠感到欣慰和高兴的是，东东完全没有像现在的一些孩子那样娇生惯养，反而因为董明珠对他"放任不管"，培养了独立自主的生活能力。

虽然董明珠陪儿子的时间很少，但她却一直用自己的言行影响着儿子，让儿子在潜移默化中受到教育。没有她的"言传身教"，也不可能培养出优秀的儿子。可见，做比说有用得多。

2

格力空调和儿子东东如同董明珠的两个孩子，都是她的心头肉。不同的是，她在格力空调上付出的心血要比在儿子东东身上付出的多得多。虽然在儿子的身上付出的不多，但儿子却和格力空调一样让她感到骄傲。

"我的儿子太懂事了！从小就懂事！"

董明珠永远记得1995年的那一天，她生病住院，高烧39.5度。躺在病床上的董明珠看着13岁的儿子那张充满稚气的脸，突然一阵难过。格力没有她了还有朱江洪等其他人，但儿子没有她了可就没有妈妈了，他小小年纪，一个人该怎么生活呢？

乖巧懂事的儿子好像看出了妈妈的心事，他趴到董明珠的身上安慰道："妈妈！你就安心养病好了，我会听话的，你不用担心我！"

很少流泪的董明珠，那一刻在儿子面前泪如雨下。

董明珠整天忙工作，儿子全都看在眼里，甚至习惯了董明珠经常性地去外地出差。每次董明珠告诉他自己要去出差时，儿子都会懂事地冲她挥挥手，说一声："妈妈再见。"

董明珠没有意识到儿子对她的依恋，直到有一次，她又去外地出差，儿子还和往常一样躺在被窝里，伸出手来朝她挥了挥手，说了声"妈妈再见"。董明珠出门后走了一段路，想起有东西忘在了家里，便返回家去拿。

在又经过儿子的房间时，发现儿子用被子捂着头在睡觉，她想再看看儿子，便走到床边揭开了被子，发现儿子正用拳头堵着嘴在哭，因为极力抑制哭泣，身体抖得很厉害，眼泪鼻涕流得到处都是。

董明珠的眼中顿时蒙上了一层雾，她的心一紧，她意识到，作为一个母亲，她给儿子的太少了，她欠儿子的太多了。

儿子看到董明珠后急忙把眼泪一擦，眼泪还挂在脸上，却咧开嘴笑着说："妈妈，你快走吧！我没事！我没事的！"

董明珠恨不得扔下行李，抱着儿子不去出差了，但最终她还是强忍着难受，安慰了儿子一会儿，提着行李大步离开了家。

董明珠走得很快，她怕再慢一点儿或者听到儿子叫一声"妈妈，不要走"，她会真的留下来，什么都不顾地去陪儿子了。

然而，当离家远了，已经坐上车后，董明珠便将对儿子的牵挂和爱又都隐藏在了心里，脑海里想的全都是格力。"因为我没有时间，大多数的时候都是他自己照顾自己。很多孩子是在父母的陪伴下长大的，可我的儿子没有，他没有父母陪伴，他只能靠自己坚强地走下去。现在看到他那么优秀，我真的非常非常骄傲。"

经常有人问她，在她将全部身心都奉献给格力电器的时候会不会后悔给儿子的太少。董明珠说，当她选择了奉献时，就谈不上后悔了，因为她知道，如果她真的只顾及家庭的话，那么也就没有那么多精力投入到格力身上了，那么她很可能可以成为一个称职的母亲，但却无法成为称职的格力人。

"这也算是一种工业精神吧，因为我理解的工业精神，其实就是牺牲精神。"董明珠并没有觉得自己为了格力就牺牲了儿子，恰恰相反，她觉得儿子这么出色，也与她对工作的执着、对生活的态度分不开。

"凡事有所失就有所得，20多年里，我因为忙工作而没有更多地照顾儿子；可儿子却因为缺少了我的照顾而变得独立。所以什么算得？什么算失？很难说！"

很多人觉得董明珠的儿子之所以那么独立，是因为遗传了她的性格，但她不这么看，她说："他性格独立不是遗传，生活经历让他不得不这样。"

董明珠对自己和别人要求很严格，任何事都要做到极致，但对儿子，她却说，她不在乎儿子能不能成功、会不会赚很多钱，她只希望他能像自己一样，为自己的人生目标而努力奋斗。

儿子一直都没有让她失望，从上小学到大学至研究生毕业，董明珠都没为他操过心。

如今，董明珠已经成了集三权于一身的格力"老大"，虽然她完全有能力帮儿子找一份很好的工作，甚至让儿子去格力工作，但她没有。儿子也不让母亲帮助，他说他要像当年的母亲一样，从基层做起。因此，毕业后东东便和每一个普通大学生一样四处寻找工作，为生活而忙碌。

"既然妈妈以前能靠自己做到董事长，我也可以！"儿子认真地说，"我不想别人因为您来认可我！"这就是董明珠的儿子，一个如她一般倔强的儿子。

很多人可能会认为，像董明珠这样视工作如生命的女人既有权也有钱，在家里肯定不会做任何家务。恰恰相反，董明珠非常喜欢做家务，她的家里也从不请保姆，不管做饭、洗衣、拖地还是其他家务她都亲力亲为，对她来说，做家务就是她工作之余的消遣，是她放松工作压力的时间，所以做家务不累，甚至是一种享受。回到家里的她完全过着"非董事长"的生活，充分享受一个平常女人的幸福。

铿锵玫瑰别样的美丽人生

1

上身披着色彩艳丽的大披肩，下身穿着及膝的短裙，她姿态优雅地向台上走去，上台阶时她轻轻提了提裙子，身影婀娜，然而，随后她便做了一个完全出乎人的意料的动作，她高高抬起腿，大步跨上了足有半米高的讲台。

台下的人"嗡"的一声笑了，她也笑了，笑得妩媚中带着羞涩。

在一些温婉女性带着微笑、缓缓从楼梯走上台阶的时候，她轻提裙子，然后大步跨上台阶；在另一些女性穿着中性服装像男人一样阔步向前时，她却姿态优雅地穿着裙子，缓缓向前。

她就是董明珠。她的服饰、举止、行为看上去是那么的矛盾，但这矛盾却也恰恰是她的魅力所在，这是一种什么样的美呢？是一种别样的、只属于董明珠的美。

很多人都说董明珠像惠普公司的前总裁卡莉菲奥莉娜，董明珠听后很不高兴，她说，她不希望别人说她像卡莉菲奥莉娜，她希望别人说她像日本电视剧《血疑》里幸子的扮演者山口百惠。

这再次出乎人们的意料。在别人好奇地问她为什么要让别人说她像山口百惠的时候，她说，因为山口百惠永远处在"被保护、纯真、乐于帮助别人"中。

董明珠说到这里的时候还会羞涩地一笑，让人完全不敢将她同那个在商界里叱咤风云的"铁娘子"董明珠联系在一起。

董明珠严厉起来的时候，眼神里射出的像是一支支利箭，瞟一眼便能感到一阵阵寒意，但董明珠笑起来的时候却又活脱脱是一位温婉的江南女子。

她和所有的女性一样，喜欢别人夸她漂亮、身材好。在别人夸她保养得好并问她怎么保养时，她会调皮地一笑说："我妈给的，天生的！没办法！"得意之情溢于言表。

了解她的人都知道，董明珠非常爱美，这从她那从不重样的衣服中就能看出来。不过，董明珠的衣服并不都是名牌，也并不是贵得普通人买不起，她穿的衣服大多都是从各种店里"淘"来的。

一个上市公司的董事长还经常去买打折服装，别人听着肯定不相信，但董明珠就是这样。有朋友说她每次买到打折衣服后，即使只是便宜了几十元钱，也会开心得比赚了几亿元还兴奋。儿子东东经常笑她，说她哪里像个上市公司的老总，简直就是个小市民。

儿子这么说她也不生气，还会和儿子开玩笑。在儿子面前，董明珠很多时候不像妈妈，倒像是儿子的同龄人、朋友，她会经常若无其事地询问儿子喜欢什么样的女孩子，还嚷嚷着要给儿子介绍女朋友。

总之，在工作中不近人情、苛刻之至的董明珠，在朋友眼里是一个讲义气、喜欢帮助人的朋友。

虽然生活中她温婉随和，但她豪爽和争强好胜的劲头却还是会从言行举止中不自觉地显露出来。

董明珠是典型的双面人，她既有男人的强悍，也有女人的妩媚；既有男人的果断，也有女人的细致。而当这两种特性全部聚集在她一个人身上的时候，便散发出了令人炫目的光芒。

董明珠办公桌前的墙壁上挂着一幅大大的"佛"字，她喜欢看一些佛学方面的书，领悟一些佛学中的道理。不过她并不是佛教徒，她尊重学佛之人是因为她觉得人应该有信仰。

董明珠也有她的信仰，那是一种为人类营造幸福环境的信仰——工业精神。在"白猫黑猫，只要抓住老鼠就是好猫"的理念下，中国的很多企业家丢掉了"工业精神"，而将"商业精神"发挥得淋漓尽致，一切以赚钱多少、利润多少来衡量企业的发展。

董明珠觉得，这种单纯地用"利润做尺子"的理念会给企业发展留下后遗症，真正能支撑得起企业走向未来的，应该是一种"工业精神"。

那么，什么是工业精神呢？董明珠理解的工业精神就是少说空话，多做实事，全心全意地关注消费者的需求，主动承担社会责任，用企业的力量推动社会发展。同时还要通过持续自主创新，创立民族品牌。

她觉得，工业与商业不同，工业是一座用思想和汗水做零件构造起来的大厦。这座大厦能有多高完全取决于大厦地基的牢靠程度；而商业不是，商业就像是一座座美丽的海市蜃楼，虽然美丽，但有可能是幻影，是会消失的。

因此，她心里的理想企业要坚持工业精神，让侥幸与投机的商业精神没有生存的土壤。她也觉得，只有秉承工业精神，朝理想一步一个脚印地前行，企业才能走向未来。

2

董明珠成功前，大家都觉得一个江南女子怎么可能掌管格力这样的企业？而当她成功后，很多人又会拿她的性别来说事。

"女人做企业很占便宜！"没有真正了解董明珠经历的人肯定会这么想，这很正常。因为一个36岁的女人独自来到珠海，从从未接触过销售的底层业务员做起一步步做到了上市公司董事长的位置，三次入选美国《财富》杂志"全球50名最有影响力的商界女强人"，获得了无数奖章和荣誉……这像过山车般的成功，怎么不令人怀疑是她女性的身份让她有了便利、走了捷径，并那么快成功呢？

以下一系列数据是否能消除怀疑，让我们知道她的成功不是走了捷径，而是走了一条比别人付出更多的路呢？

1994年年底，董明珠任格力经营部部长，当年格力实际年销售4亿元左右；2012年，她被选为格力董事长；2013年，格力实现了600亿元的销售，在世界上连续六年销量排在第一；缴纳税款37亿元……这些数据的变化让人无法忽视董明珠的非凡能力，更无法忽视她20多年里的辛苦。

2010年，格力空调对外宣布掌握了核心技术，年末，董明珠获得了CCTV"中国经济年度人物"创新奖。

这些荣誉不是她最看重的，她看重的是她让"中国制造"变成了"中国创造"。这位优秀的中国女人，在成就了一个民族品牌的同时，更可贵的是她能在复杂的商业环境里依然毫不动摇地坚持她的个性和原则，做真实的自己。

作为一个成功的女企业家、女强人，董明珠从未因为自己是女性而自傲，她说，所谓领导者，无论男性或女性都应该适用同一个评价标准：责任、奉献和追求。

她不认同那种"女性做领导者有优势"的说法，她觉得女性领导会比男性领导付出更多。她能成为销售女皇，能够创新营销模式，能管理一个上市公司，并不是通过女性的温柔及亲和力获得的。

"有人认为女性可能容易博得别人的同情或支持，女性的亲和、柔和是一种女性领导力。我却不这么认为。我觉得，管理就是铁的、刚性的，制度是不可随意改变的。"董明珠不喜欢别人在说到她成功的时候强调她的女性身份，她说："我是女人，但我蛮讨厌人家说女性。我对性别没有特别敏感的地方。"

她甚至觉得不应该有妇女节，因为妇女节本身就是对女性的一种歧视。当她听到一些人说，"当一个女人说她的快乐只有在事业中寻找时，内心一定充满了难以想象的孤寂与苍凉"时，董明珠不停地摇头："只有生活而没有工作，人生就没有了价值。以工作为快乐，以事业为依托，事业的成功和社会的肯定充实了个人生活，又有什么不好？所以我告诉大家，我没有孤寂，更无须慰藉，我有的只是加倍努力和一往无前。"

这位有着独特思维和深邃思想的女人除了工作，还有什么爱好吗？当然有。董明珠最喜欢看书、游泳和下棋。

董明珠曾将人生比喻成下棋："下棋的时候需要不断思考，人生是由不断地做事构成的，而做事的过程就是不断博弈的过程。"当然，二者也有所不同，不同点在于人生中的不断博弈，未必一定要拼个你死我活，人生中博弈的最高境界就是共同进步、互相提高，也就是所谓的共赢。不过，即使人生需要共赢，也需要有对手，因为没有对手制造压力就没有前进的动力，没有竞争就没有创新。

董明珠的成功让她成了很多创业者的偶像，董明珠也有她的偶像，那就是朱镕基总理。朱总理的无欲则刚让她崇拜，朱总理处理问题的果断以及忘我精神让她感动，所以她发誓要做朱总理那样的人。

第八章
董明珠人生哲学：
创业者不可不知的8条成功建言

> "没有土壤，一粒种子不会发芽，但有种子，这粒种子也必须是粒好种子。因为如果不是一粒好种子，即使土壤再好也没用。种子的基因太重要了。这个基因是什么？就是勤奋努力，以及一种忘我的精神！"
>
> ——董明珠

董明珠，一位擅长用行动和结果说话的企业家。她做事雷厉风行，不畏权势，不徇私情；她不墨守成规，思维开阔，积极创新；她浑身充满激情，用二十余载的执着和勤奋写就自己的传奇。她的故事被人们津津乐道，她的脚步也成为无数年轻人的指向标。

成功建言1：真正的成功是战胜自己

《周易》中有一句话："天行健，君子以自强不息。"

这句话是什么意思呢？就是说，君子要像天宇一样运行不息，即使颠沛流离，也要不屈不挠地去实现目标。因为只有战胜了自己，才能达到自己认为无法触及的高度。正所谓，真正的成功不是战胜别人，而是战胜自己。

创业者在刚刚创业时一定会经历很多难以预料的困难，如果不能战胜自己，就无法看到成功的曙光。

董明珠的经历无一不是在战胜自己中前行的，她经历过的每一道坎都足以绊倒她，30岁时丈夫去世了，这是她人生中的第一道坎，而且是让她痛彻心扉的坎，最终她跨过去了。这个跨的过程正是在战胜自己中实现的。

没有了丈夫的呵护，董明珠独自抚养两岁的儿子，带着儿子去上下班，孤儿寡母，生活的艰难可想而知。

儿子8岁时，她想要实现自己的人生价值，因此抛弃了自己拥有的一切，从零开始，在孤独中战胜自己。这可以说是她人生中的第二道坎。那一年，她36岁。

一个36岁的女人经历了两道人生中最难以跨越的坎，这两道坎，一道是她不得不接受的，而另一道，却是她为了实现自己的梦想，自己设置的。

第一道坎，丈夫的离去使她不得已失去了温暖的家庭；第二道坎，她主动放弃了安稳工作，和亲人开始了短暂的分离，只是为了去实现自己的梦想。

两次失去，两道坎，她都爬了起来，如果她没有战胜自己对未知的恐惧、没有战胜自己懦弱的勇气、没有战胜自己的决心和能力，是做不到的。

战胜自己需要毅力和意志。南下的董明珠面对的是陌生环境，面对的是从未涉及的领域，但她最后成功了，成功地战胜了自己，用坚忍不拔和超凡能力实现了从普通业务员到上市公司董事长的跨越。

战胜自己是一种品质，可董明珠的这些品质是从什么时候开始有的呢？可以说，董明珠自小就有这种品质。她12岁的时候，有次学校辅导员带领大家去游泳。看到要穿游泳衣，董明珠有些不好意思，不愿意去。但经过辅导员反复做工作后，她答应了。

教她游泳的三个同学在将她带到深水区后像鱼儿见了水一样兴奋不已，丢下她自顾自地去游泳了。那一刻，不会游泳、独自站在水里的董明珠内心全是恐惧，甚至一度认为自己要被淹死了。

幸好有个会游泳的同学经过她身边，将她带上了岸。这次经历也许有些人会慢慢淡忘，或者留下阴影，永远不再下水。但董明珠没有，反而因为这次经历激发了她学游泳的决心，因为她意识到，如果不学会游泳，再遇到水自己就没办法自救。

战胜内心的恐惧，是战胜自己的第一阶段。

还有一次，刚刚学会骑单车上学的董明珠突然看见对面来了一辆公交车，一时躲避不及从单车上摔了下来，差点被公交车碾压。虽然没受到重伤，但她回去后一想起来，还是会感到后怕。

和学游泳一样，她没有因为这件事而害怕骑车，而是发誓一定要把骑单车的技术练好。

董明珠的经历告诉我们：任何人的成功都不是偶然的，都是在生活的点点滴滴中一点一点成长起来的，而要想成长、要想成功，首先要战胜自己。正如董明珠所说："只有经历过奋斗，你再回味的时候，才会觉得人生有价值。"

成功建言2：掌握主导权，占有先机

　　有人说，命运是上天注定的，我们应该认命，不要做无谓的挣扎。实则很多时候，命运都是掌握在自己手里的。因为即使命运真的有所不公，我们也可以通过自己的努力改变命运。比如海伦凯勒，她是不幸的，因为她天生就看不见、听不见。在这种情况下，如果我们认命，那么很可能永远活在别人的照顾中。

　　海伦没有认命，她经过不懈努力，在付出常人无法承受的辛劳和汗水后，终于成就了自己，实现了自己的人生价值。

　　董明珠又何尝不是如此呢？试想一下，如果董明珠安于接受命运的安排，那么，失去丈夫后的她很可能自怨自艾，沉浸在悲伤中不能自拔，最终变成一个怨妇；如果她接受命运的安排，她不可能辞职南下，很可能还过着上班下班的单调生活；如果她在做业务员的过程中遇到阻碍就马上放弃，那么，"董明珠"三个字也不会在今天如此深入人心，被很多创业者视为标杆。

　　总之，如果她认命，没有将命运掌握在自己手里，那么她的人生一定不会像现在这样如花儿一般绽放！

　　"不管做任何事，只有掌握了主动权，才会占有先机！"

　　这是董明珠的话，她也确实践行了她的这一观点。在商场上，不管是和别人合作抑或是和别人竞争，她都要占据主动。这个主动不是只占便宜不吃亏，而是不计较眼前得失，将眼光放得长远一些。

　　当然，董明珠所谓的占据主动权，是在基于有掌控这件事的能力的时候，是在有前瞻性的前提下才能实现的。

　　董明珠有句霸气的话："我永远是对的。"这句话貌似很狂妄，但仔细一想，当事情的发展朝着自己预期的方向发展时，一切都在自己的掌控中，那时候做出的抉择怎么可能不对？何况董明珠在决策一件事情的时候完全是站在集体的利益上来做决定的，她不是为自己的私利去做，所以她做得光明正大，自然而然地从心理上就占据了主动。

　　当然，在合作中仅仅只占据主动权还是不够的，还需要具备出色的处理事情的能力。

　　董明珠的创新精神以及敢为人先，为她在合作中占据主动权提供了有力保证。比如她在长期的市场实践中摸索出了一套属于她的经营模式、管理模式，然后用这些经营模式和管理模式让格力电器成为同行中的佼佼者。

　　也就是说，董明珠具有的把握全局的战略思维能力让她能够在合作中占据了主动权，这是很多企业家应该学习和深思的地方。

　　董明珠在20多年的工作经历里占据主动权的案例不胜枚举，特别是在处理与国美之间的争端时，董明珠的果断正是她在竞争中掌握主动权的最好体现。在国美那么牛气冲天，人人都说不能得罪国美的时候，为什么董明珠的格力敢和黄光裕的国美"叫板"？究其原因，就是因为董明珠已经创新了一套属于格力的销售模式和渠道，她已经将销售主动权掌握在了自己手里，离开国美，董明珠和格力并不害怕。

　　所以，与其说董明珠及格力战胜了黄光裕及国美，倒不如说是格力的基因优于国美。

　　在这里，给很多企业家提个醒，当你有强于别人之处的时候，你就掌握了这件事情的主动权，而当你在这件事上占据了主动权的时候，你也就有了选择权。拥有了主动权和选择权，再遇到变故的时候你就不会慌乱了。同样，当你一直受制于他人或其他企业，那么即使知道别人在"欺负"你、"剥削"你，你也只能认了，因为你没有选择的机会，你在和别人的合作及竞争中是处在被动地位的。

　　一句话：掌握了人生的主动权，你就掌握了命运；掌握了市场的主动权，你就在合作和竞争中有了选择权！

成功建言3：自信源于责任与原则

美国的第姆·伯恩在《小企业创业蓝图》一书中曾说："创业是一个发现和捕捉机会，并创造出新颖的产品，提升服务，实现其潜在价值的过程。创业能否成功，与创业者的素质关系极大。"

这个素质中最主要的是什么？自信！

作为一名创业者，如果不具备自信和自主的能力，那么做任何行业都不可能成功。

董明珠有句名言就是："我从来都没有失误过，我从不认错，我永远是对的。"这份自信与霸气源于她的每一个决策都是从公司利益出发，是为了公司的发展经过充分论证后做出的。

自信是董明珠的一个标志。不过，董明珠的伯乐朱江洪曾提醒过董明珠，说她的优点是自信，缺点是太自信。董明珠也说，她一直在提醒自己，自信一定要有，但不要自负。

"说句稍微出格的话，如果不是我1994年回来帮忙整顿经营部，格力不会有今天。从这个意义上来讲，朱总也是幸运的，如果他不认识我，将会是他的一大遗憾。"这就是董明珠的自信，这种自信有几个人有？当然更重要的是，她担得起这个自信。

有记者曾采访她，问她的自信来自于什么，她说来自于责任和原则。因为责任，所以在她做每一个决策的时候都会先去评估，评估这么做会带来什么样的后果。她做评估非常认真，因为她告诉自己，自己不能出错，出错会给企业带来无法弥补的遗憾和失败。

这种责任感使董明珠在格力的20多年时间里，在大是大非上从来没有出过错。

董明珠非常看重企业家的责任感，她说，一个企业家几十亿元投进去，如果不能抵御或承受这个风险，就会造成几万名员工的风险，甚至造成社会的风险。所以企业家绝对不能只考虑个人得失，必须时刻提醒自己的责任有多大，企业家和普通人不一样。

除了责任，董明珠认为企业家的原则性一定要强，讲原则也是一种自信的表现。董明珠从来不在原则面前低头、妥协。她说，如果明知不坚持原则会给企业带来损失仍然去妥协的话，那就是一种不自信的表现。

仔细回顾董明珠的经历就能看出，自信、责任和坚持原则这三点一直伴随着她，自信让她做了业务员，因为她相信她能成为优秀的业务员；责任让她打破不合理规则，实施"先付款再发货"；坚持原则让她不被乌纱帽左右……

而在坚持这三点中，最难实现的就是坚持原则，因为自信和责任来自于自身的素养，而坚持原则却往往需要得罪别人。

所以对于如何坚持原则，董明珠用了一句话来形容：往一杯浊水里滴入一滴清水看不出有什么变化；但往一杯清水里滴入一滴浊水，很明显那杯清水就变成浊水了。

这就是说，坚持原则非常难，但是不能因为难就放弃，往一杯浊水里滴一滴清水不行，那就一直滴一直滴……总有一天，那杯浊水会被清水稀释的。

　　"越是单纯的东西，越是需要付出百倍的努力去捍卫它，把一种单纯的信念贯穿于生活之中，往往需要付出并不简单的代价。"这种单纯的东西是什么？是原则，有责任感才有原则，敢于坚持原则就是一种自信。

　　这种自信便是董明珠事业成功所具备的最强素质。

成功建言4：守信才会赢

李白的《侠客行》中有句话："三杯吐然诺，五岳倒为轻。"一句豪言壮语道出了文人墨客们笑傲天下的恣意潇洒，同时也道出了为人处事之道：人一定要讲诚信。

诚信是中国儒家文化最基本的理念：诚信是天地之道，与人为善，是人与人之间的美德。然而，中国人信奉了几千年的"一诺千金"在如今的很多人那里却变成了一句空话。很多人为了利益招摇撞骗，言而无信，导致这种美德缺失的主要原因就是大家一心向钱看、一切向钱看，缺乏人与人之间的真诚友善。

而创业之所以能获得成功，十有八九是靠诚信。可以说，诚信是创业者的第一桶金。马云曾说，他的成功诀窍之一就是诚信做人，坦荡做事。"人无信不立，业无信不兴，国无信不盛。"董明珠更是将诚信当成了企业的底线。

2012年时中国经济低迷，可格力电器却以净利润29亿元、同比增长30%的数据令人瞠目结舌。别人问她成功的诀窍，董明珠淡淡地说："没什么诀窍，也没什么秘密。除了诚信，没有第二个答案。"

董明珠觉得，格力的成功是"沉淀了这么多年的诚信"的结果。而在

20多年的格力生涯里，董明珠也一直坚守着她的承诺。

销售上，她对合作者讲诚信、对客户有诚信；管理上，她对上司讲诚信，对下属有诚信。她如果不对合作者讲诚信，开拓安徽市场时，实施"先款后货"制度不可能成功。因为之所以能接连打开安徽市场、江苏市场，最主要的原因就是她坚持做好后期服务，让经销商没有了后顾之忧。

而对客户的诚信，体现在格力对质量的重视上。格力电器有句名言："对质量管理的仁慈就是对消费者的残忍。"这句话是对客户的承诺，也是对客户讲诚信。正因为有如此承诺，格力电器才会像修炼生命一样地修炼产品质量，他们从设计产品的源头到采购、生产、包装、运输、安装、服务……整个流程全程监控质量。

格力电器的产业链是由众多供应商和经销商构成的，与这些供应商和经销商合作不能缺了诚信。诚信直接影响企业未来的发展，甚至是企业成败的关键。

在做管理的时候，董明珠制定了一系列制度，她对这些制度的执行一视同仁，率先垂范，任何人都不得违反，这也是对上司、对下属"诚信"的体现。董明珠是成功的，不管做普通业务员还是企业高管，不管她的身份如何变化，她有一点没变，那就是讲诚信。

如果你想创业，那就将诚信坚持到底，只有诚信才是推动企业走向商业竞争良性循环的保证。

成功建言5：第一次就把事情做好

"第一次就把事情做好"，这是董明珠独创的理论。

她觉得，作为一名领导者，如果在做出一个决定之前不能全盘考虑、尽量减少风险和错误发生的可能性的话，那么就是一种不负责任的表现。

一个决策上的失误对个人来说也许算不上什么，但对企业来说，很可能造成无法补救的严重后果。因此，领导者必须保证不能失误，必须做出正确的判断，并尽量第一次就把事情做对。但能够第一次就把事情做对的人太少了，谁都不可能不犯错误。有些看似简单的事情，由于做的人没有经验或不够细心也会犯错，更不要说一些难度较大的事情和创造性的工作了。

没有谁能生而知之，人的一生中不可避免地会犯错误。有些错误是由于我们对客观事物没有足够的认识而导致了判断上的失误，所以只有不断学习、不断充实自己、不断开阔自己的眼界，在做一件事情的时候尽可能地全面了解事情的前因后果，在决策中不主观、不盲目，才可以将犯错误的概率降到最低。

这从董明珠20多年里在重大事情决策上没有出过错可以得到验证。作为一名企业领导者，董明珠心里非常清楚她说话和做事带来的后果及影响。她知道，她的每个决策都关乎企业的发展大计，所以她的每一个决策都必须经过深思熟虑，绝不能鲁莽和意气用事。

可以说，董明珠的自信背后是由一名企业家的深谋远虑在做支撑的。她之所以能够有这样的自信、坚持自己的每一个决定，绝非倔强、固执的个性使然，而是一种理性思考后的从容。

董明珠经常说的"我永远是对的"实际上反映了这样一种指导思想：力争第一次就要把事情做对，不给自己留后悔的余地。

也许有人会说："第一次没做对不要紧，我可以做第二次、第三次。"何况"第一次就要把事情做对"这个要求太过苛刻，有点不近情理。人非圣贤，孰能无过？既然我们都是凡人，怎么可能不犯错误？这句话没错，第一次没有做对，当然可以重新做第二次，甚至第三次，但是这样做的代价是既浪费时间又浪费精力。既然问题出在不够细心上面，为什么当初不能认真一些呢？

这也是董明珠为什么认为"大错可免，小错不免"的原因了。在管理中，董明珠不仅仅要教育员工树立"第一次做对"的观念，还让管理者更要把"第一次做对"作为自己的座右铭。无论是做普通的日常工作，还是经营一家企业那样的大事，都要抱着"第一次就尽量把事情做对"的负责任的态度，唯有如此，才能避免错误发生，减少给企业造成的损失。

好强的董明珠也许没有意识到，当她在说"我永远是对的"这句话的时候，已经践行"第一次就要把事情做对"的思想，她把这种理念贯穿到她的管理中，并以此指导自己和员工的工作。

当然，对于普通员工来说，达到"第一次做对"这个要求，可能未必会有很大成效，但作为一个企业的领导，你做出的每一个战略决策都将决定着企业的发展方向和生死存亡，因而，董明珠这种"第一次就把事情做对"的理念对格力的发展带来的好处也就显而易见了。

如果将董明珠的20多年格力经历重温一遍，我们就会发现，"第一次就要把事情做对"是董明珠"变化之前的变化，视野背后的视野"。

比如"绝不降价"。在出现"冷夏"的时候，即使其他品牌的空调将"价格战"打得如火如荼，连总经理朱江洪都顶不住压力了，她依然坚定地认为不能降价，销售低迷不应该用降价来打破。最终结果也证明了她的决定是对的。

如果董明珠当时没有做出这个决定，而是"人云亦云"跟着降价，那么她还能一次次创造销售奇迹吗？一个人只有拥有把握全局的战略思维能力，才有可能做出正确的决策。而一旦被一些局部或暂时的利益迷了眼，很可能就看不清前方的路了，那么，一次次地做错也就不足为奇了。

因此，董明珠的"第一次就把事情做好"，不给做错事找借口，对创业者来说是非常值得学习和借鉴的。

成功建言6：做正确的事，正确地做事

　　心有多大，舞台就有多大，这和所做行业是什么无关，每个行业都能为创业者掘金，关键是看你在做这一行的时候是不是用心、尽心。

　　董明珠的成功让很多人对"营销"趋之若鹜，觉得做营销能快速"发财"，快速"升职"。董明珠曾说："一个人想成功不一定要做营销，在任何岗位都可以做得很成功，关键是你要对别人、对企业负责任，而且你还要有一种拼搏精神，在现在这个时代，物质生活非常好，我们更不能忘记的是奉献精神。"

　　不管做哪行，想要成功就必须要耐得住寂寞。

　　董明珠曾说，做生意要和对待爱情一样，想要长远，必须"用情专一"。

　　很多人做一行丢一行，每做一行，只要不成功，就会说自己入错行了。董明珠觉得，不是入错了行业，而是因为你不够专一。

　　董明珠选择做业务员，一开始就遇到了麻烦，因为她不喝酒、不应酬。很多人都说她不是做业务员的料，如果她当时放弃了就肯定不会有今天的她。但她没有放弃，她用比别人多百倍、千倍的努力和付出，让自己"不喝酒，不应酬"也能做业务。她做到了，她不仅改变了不合理的规则，而且还重新制定规则，将空调业务做得风生水起，在营销这一行如鱼得水。

很多人看似有目标，实际上是没有目标的，也不知道自己最终要做什么，所以就会像猴子掰玉米一样，掰一个丢一个，到最后什么都没留下。

永远在追着市场跑，永远在别人后面跟着跑。这样做的结果就是，看到别人做很赚钱，做得也很成功，可自己去做的时候却赚不到钱，失败了。

正确的做法是什么？就是当你去考察一个行业后，如果觉得这个行业非常适合你去做，也有市场，那么就用心去做，不管遇到多少困难，都要坚持做下去。

相信自己的眼光，用独特的方法，坚定不移地相信自己能为这个行业做出独特的价值，为这个行业的客户做出独特的价值，抱持这样的决心和信心坚持下去，就一定会成功。

董明珠的经历告诉我们，做企业一定要专注，要坚持，要有激情，要做出和别人不一样的创新来。

20多年的时间，很多实业家都转行做其他领域了，但董明珠却不，她说她一辈子只做了一件事，那就是卖格力空调，她要将格力空调做"精致"、卖"精致"。

"不要怪某个行业不好，天下没有不好的行业，再不好的时代再不好的行业也有好企业；再好的时代再好的行业也有烂企业。做不好，怪自己！"这是董明珠留给创业者的话。

"如果是一个懒惰的孩子，无论父母怎么帮他，他都养活不了自己。"董明珠说，"坚持做正确的事情，正确地做事，这才是创业王道。"

成功建言7：细节决定成败

细节决定成败，细节决定命运。

董明珠有个观点，她说老总是管小事的。很多人初听起来都会诧异，都会说：说错话了吧！老总明明是管大事的，怎么能去管小事？如果老总都去管小事了，那大事发生了怎么办？

面对这样的疑问，董明珠总是微笑着说：小事都没有了，还能有什么大事？空调有1000多个零部件，每个零部件单个来看都微不足道，但这些微不足道的小零件一个出现问题，整个空调都会有问题；相反，每个零部件都是好的，一部空调出问题的概率又有多少呢？

因为有"老总是管小事的"这样的理念，用董明珠自己的话来说就是"一张纸和一滴水的管理"，所以董明珠的管理细致到了一张纸和一滴水都不能浪费。

在很多大企业都觉得老总只管大事、不管小事的时候，董明珠却和他们背道而驰，她觉得企业没有大事，都是小事，很多大事都是由于小事没有处理好才酿成大事的，所以只要管住了小事也就基本上杜绝了大事的发生。

她要求员工在公司不能吃东西，不能说谎，不能让客户请客吃饭……

这些小事她都一一管到，因为她觉得这些小事是会影响格力在客户及合作伙伴中印象的大事。董明珠是有完美主义情怀的，而这种完美主义情怀的诞生，很大程度上是因为她认定"细节决定成败"。

"即使之前做的大部分事情都是正确的，但一个事情出现了错误，都很可能导致整件事都是错误的。"这是董明珠给其20多年来在格力职业生涯的总结。

成功建言8：人生必须有目标

常有人说，人生就像一场马拉松比赛，想要顺利到达终点，需要朝着目的地心无旁骛地跑下去。

马拉松的终点站其实相当于我们每个人人生的目标。每个人不管干什么行业，都应该有自己追求的目标。可惜很多人失去了给自己制定目标的能力，他们不知道自己要做什么、要做到什么程度。因为缺乏给自己制定目标的能力，所以才会茫然，缺乏信心，没有自信和进取的精神。

有人为了证明目标的重要性，曾做了一个试验：用一块磁铁去吸一些铁屑。磁铁相当于人生的目标和方向，当磁铁对着铁屑的时候，铁屑就会被吸附过去；而当磁铁放在铁屑上空，铁屑就会竖直吸附到磁铁上；当磁铁放在铁屑的斜上方，那么铁屑将会顺着斜上方吸附到磁铁上；当磁铁放在铁屑的侧面时，铁屑就会从侧面吸附到磁铁上。

制定一个正确的目标，人生才会有正确的方向。

董明珠曾说，人生要有目标，没有目标，也就没有方向。进入格力20多年，董明珠从一名普遍的业务员做到拥有8万员工公司的董事长，她用自己的经历向人们证明了一点：拥有目标并执着地坚持目标，就一定会实现自己的理想。

　　郑板桥有首题画诗是这样写的：“咬定青山不放松，立根原在破岩中，千磨万击还坚韧，任尔西南东北风。”这首诗精准地诠释了如何确定目标并实现目标的道理。

　　对于目标，董明珠有她自己的看法，她觉得一个人说他以后要做经理、总经理、老板都不能算是目标，充其量只是一种目的。什么是目标呢？就是一个人在工作岗位上做得比别人好，这才是目标。

　　一个人在自己的岗位上做出了成绩，受到别人的尊重，然后让职位发生了改变。这样的过程才是实现目标的过程，而不是去为了追求一个职业目的去实现自己的人生价值。

　　董明珠的成功经历无一不是由她一个个的具体目标构成的：入职格力后，她的目标首先是做一个合格的销售员；在实现这个目标后她又给自己定了新的目标，就是做优秀的销售员，她再次做到了，做成了销售女王；然后她希望自己能做一个能够带领销售团队，实现销售目标的销售经理，她仍然做到了；最终，她成为格力的总裁、董事长。

　　定下目标，然后认准目标去努力和奋斗，董明珠是这么做的，也是这么要求自己的员工的。每过一个阶段，她都会给自己及员工定目标，她要让员工们清楚他们的目标是什么，以及如何去实现这些目标。因为有了目标，就有了向目标前进的方向和动力。

　　现在，董明珠领导下的格力目标就是成为全球空调业中的领导者；而她私人的目标是：成为能够帮助别人并值得别人尊重的人。

　　亲爱的创业者们，我们何不也像董明珠一样给自己定下一个目标，然后一步一步地去实现它呢？